# 行基の見つめた国

長谷川　仁

東京図書出版

# はじめに

行基は、668年、河内国（大阪府）に住む百済系渡来人の父と母の下に生まれた。この年は、天智天皇が即位した年であり、1350年以上前に生を受けて、実在した人物である。

河内国は、5世紀以降多くの渡来人が住んでいた土地であり、渡来人達は大陸の先進技術や文字を携えて渡ってきたと考えられる。

仏教についても渡来前に住んでいた地で見聞きしていた可能性が大きいと考えられる。後に行基の師となる道昭もこの地に住む百済系渡来人の子孫であり、この地は多くの僧尼を輩出した土地である。こうした環境のなかで育った行基は、仏の道に目覚めていくのである。15歳で大官大寺にて得度を受け、修行の道に入ったと言われている。行基の法名は「法行」である。24歳で高宮寺の徳光禅師から具足戒を授かり大僧になる（弾圧された頃、小僧行基と政権より呼ばれていた）。その後法興寺で法相宗を学びながら、一方山林修行にも励んだと言われている。

行基は道昭に従い社会事業（井戸掘り、架橋、船着場の整備等）や布教に付き従い身をもって体験したと考えられる。700年に道昭が亡くなり火葬された（日本で最初である）。師亡き後も山に籠もり、山林修行や経典を独学で学んでいたと考えられる。後に行基に大きな影響を与える事になる三階教を学んだのは、この頃とされている。

704年に生家を改め家原寺として造りかえている（行基49院の最初の寺である）。710年に平城京遷都があった。生駒の中腹より、往来する役民や運脚夫の疲労困憊の姿を見るにつけ、救済を目指して山を下り、市街地での布教活動を開始した。行基の社会活動の第一歩である布施屋の設置に乗り出した。施設の運営を切り盛りするために市街での布教、托鉢を実施するも、「僧尼令」違反で弾圧を受ける。布施屋の利用者には感謝されるも中止せざるを得ず、本貫地（本籍のある場所）に帰国を命ぜられた。

河内に戻った行基は、河内・和泉国を中心に布教や社会活動を開始する。時期を同じくして、朝廷より三世一身法が出され、行基集団は地域の豪族と共に墾田開発を進めた。行基のネットワークを活用して、土木事業の技術を活用し大いに開墾が進み、知識に加わる人々も増加し、集団の体力もアップし、行基への信頼も増してきた。新しい階層の信者や協力者が行基集団の推進力となり、寺院の数も増加してきた。

畿内での新しい信者層として、商業や流通業に関わる人達が加わり、社会活動も池や灌漑設備に留まらず、架橋・堀・船着場の整備や道路整備にも活動の範囲が広がり、中央や地方の官人や朝廷の役に立つ事例も増えてきた。社会情勢や政権の担い手の交代により、朝廷から行基集団の活用について打診を受け、行基集団の能力が評価され、次の活動の場に進むことになる。最たるものは、恭仁京の造営に関する事である。

行基集団では、朝廷より多くの私度僧が入道を許されたり、摂津国の為奈野の地を給孤独園とすることを許される。朝廷が褒美をあげるのは過去の成果に対してだけでなく、これからもっと働いてもらう為に供与する事もある。その機微は仏に従事する者と政治に携わる者では理解が異なると思える。

天変地異や異常気象等が起きている中で、民の生活は困窮を極める状態にあるが、恭仁京遷都、紫香楽京そして甲賀寺での大仏造立に協力するように命じられている。民の生活の立て直しが先決されるべきだが、天皇は自分の存命中に大仏建立を成し遂げたい意志は変わらず、褒美として大僧正に任命されても嬉しくはなかったと思う。

行基は天平21年（７４９年）２月２日に菅原寺で、82歳の生涯を閉じる事になる。行基を布教や社会事業に突き動かしたのは何であるのか。そのとき行基には、社会の有様がどのように写り、それに対する対処法は如何なるものであったのか。行基は記録を書き付けたものは残していないので、行動した事の結果として生まれた社会事業の成果や公の記録（例えば続日本紀に見える記述）、行基の舎利瓶に残された文書や、伝承として残された

『日本霊異記』等から辿ることができる。

行基の意志や意図した事をくみ取る事は難しいが、精魂込めて作り上げた人々救済の仕組みや行基が学んだ経典をどう辿っていったのかを考え、少しでも深く行基の内面に入り込み、何を目指していたのかを知り得れば嬉しい事である。１３００年後の今の我々に教え伝えたい事は何であるのかを行基の足跡を辿りながら理解していきたいと考える。

# 行基の見つめた国◇目次

# 第一章　戒そして三階教に導かれる

天武十一年（682年）15歳で出家し、大官大寺で得度を受け法行と称した。行基が得度を受けた天武十一年頃の当事の日本の状況は如何なるものだったのか、また仏教界の状況についても一見しておきたい。後の天智天皇は百済を救援する為に大船団を送り出したが、唐と新羅の連合軍に白村江の戦いで大敗を喫し、連合軍の侵攻に備えなければならない状況に追い詰められた。北九州では大宰府の守りを水城や大野城で固め、瀬戸内海を中心に朝鮮式山城を築き、近江の大津宮に遷都して国の守りを固めた。戦える国家体制を創るために670年庚午年籍を作成し、人民と年貢の収入財源を把握する事に着手した。朝鮮半島では新羅が統一を果たし、唐を半島から追い払う事が出来、新羅が唐と対抗する為に日本との協力関係を求める策を進めてきたので、当面唐の侵攻の恐れは消滅した。

その後天智天皇の死去により発生した壬申の乱に、大海人皇子が勝利した。近江朝廷側に従った有力豪族が軒並み排除され、天武天皇は皇親政治を行い、思う存分専権をふるいその結果律令国家の建設は大いに進んだと言われている。

天武天皇は676年に藤原京の造営を開始したが、686年に崩じており一時京の造営は中断した。持統天皇が690年に即位し造営工事が再開され、694年に飛鳥浄御原から藤原京に遷都を行った。これより天皇が代わる毎に都を移すのではなく何代でもその地で政務を行い、唐の都長安のような立派な都にする事に方針を変更した。藤原京は、東西南北に道路が走る条坊制を備えた日本初の本格的都城であった。

国家建設に伴い京と地方を結ぶ道路（駅路）の整備が進められた。駅路は中央と地方を最短で結ぶ為の国道である。中央の命令をいち早く地方に伝える事、地方で異変があれば直ちに中央へ伝える事を目論んで造られた道路である。中央が地方を支配する為に重要な機能をはたすことになる。駅路については想像がつくと思うが、中央に税を納める為に民が往復した道であり、また防人として徴用された民が京に向けて歩いた道でもある。

一方当時の仏教界の様子は如何なものであったのか、先ずこれらを知る為には、日本に伝来した仏教がどの国で、どの時期に受け入れられ、それぞれの国々においてどのように展開されて発展を遂げたのか、国々での普及はどうであったのかを知る事は日本に伝わった仏教の内実を知る為には意味の無い事とは思わない。是非とも押さえておきたい事である。

日本への仏教の伝来は538年百済の聖明王が伝えたのが最初とされている。百済が伝えた仏教は東晋より伝来した南方系大乗仏教とされており、577年に百済より経典・律師・禅師・仏工・寺工等が渡来している。

一方595年に高句麗より僧恵慈が来朝している。高句麗に伝わった仏教は北方大乗仏教であり西域より前秦へそして高句麗に伝わったのである。仏教伝来の頃は、各国でも宗教として仏教の教義を受け入れるよりも、可視的な光り輝く仏像と、安置する超モダンな建造物としての寺院に対する畏敬の念、仏教文化に対する驚きや憧れといった心情が先行したと思われる。それぞれの国の支配者が率先して定着をはかったようである。国内では司馬達等のような渡来帰化人が仏像崇拝を始め、海外からは主要には韓半島から仏僧が来朝し、氏族単位での仏教の受け入れが始まったとされている。587年に蘇我氏が物部守屋を攻め滅ぼした事により、仏教受け入れ反対派からの攻撃が収まり、受け入れ派にとって布教拡大のターニングポイントになったと考えられる。

蘇我馬子が596年に飛鳥寺を建立。607年には厩戸王が斑鳩寺（法隆寺）を建立しまた617年に大安寺の基となる熊凝精舎を建立している。この時点で仏教の受け入れは、先進的な海外の技術文化を取得しようとしている一族には広がりを認められる。

では国内全般的に見たらどうなのか、仏教の浸透度合いの広がりや深化は、どの程度だったのか見ていきたい。壬申の乱に勝利した天武天皇は律令国家を目指して改革をスタートさせた。その主なものは、氏族の私有民「部曲」の民や「田荘」を廃止。律令制定に着手。「食封」の支給制度を整備。「八色の姓」を制定し皇族の冠位を他の冠位と分け、皇族を氏族の上に置いた。皇祖を祀る神社として伊勢神宮の地位を高めて別格の扱いとした。

仏教は蚊帳の外に置かれたような扱いであった。しかし天武天皇は鸕野皇女（後の持統天皇）の病気平癒を祈願して680年に本薬師寺の建立に取り掛かっている。元々日本では固有の神が国を守ってくれると考えられており、587年の蘇我氏と物部氏の戦いは権力闘争であるとともに、外来の仏教と日本の神々とどちらが重要であるのかを問う争いであったと考えられる。

天武天皇は、日本の神々が重要であると考えつつも、仏教には霊験あらたかな病気平癒の力があると認めざるを得ない状況であったと見えてくる。これとは別に中臣鎌足の回復を願って妻の鏡女王が山階寺（後の興福寺）を建立している。鎌足は物部守屋と共に仏教の導入には反対の立場をとった神祇官の流れをくむ氏族である。そういう氏族の中から仏教にすがる動きが見えてくる。少なくとも仏教と神道の並存、すみ分けが出来てきているように見えてくる。

行基が出家した頃の日本国内の状況、特に受け入れる寺院の対応はどうであったのか、得度の時点で存在した寺院というと元興寺と大安寺である。元興寺は596年に蘇我馬子が飛鳥寺として建立、718年平城京に移転し元興寺と称した。大安寺は617年厩戸王が熊凝精舎として建立、677年大官大寺と改称、710年平城京に移転し、745年大安寺と称した。以上の二寺院は、日本における開祖を恵灌とし、三論宗の寺院である。

行基は大官大寺で得度を受けている。法名は「法行」と称した。行基は薬師寺の法相宗の僧と言われているが、この時点で法相宗は伝来していない。15歳の行基が三論宗を選択したと言うより、僧になるために生家に近い高市郡（現在の明日香村）のこの大官大寺を選択したと考えるのが無難と思える。入り口の処で立ち止まるより、どうして行基は僧になりたかったのか、僧になるための環境整備ができていたのか、行基を知る為にはこの点の解明が必要であると思う。

先ず行基の父は高志氏、高志氏は王仁の末裔とされている。西文氏《かわちのあや》の一族で、百済系渡来氏族。母は河内国大鳥郡蜂田首の出で、こちらも百済系渡来氏族である。

渡来人は、倭国と言われた時代から、主に韓半島経由で渡来しているが、人数の具体的な把握は困難である。実際問題渡来人の数が増加するのは、西暦400年頃より始まり、さらに加羅、百済、高句麗の滅亡のときに安住の地を求めて日本へ渡来した者らにより、人数が増加している。こうした事情以外にも技術、文字、文化の伝達者として日本へ派遣される場合も多々あったと考えられる。

時代は下るが「新撰姓氏録」によると、これは京・畿内に居住する支配層の氏族系譜を国家事業として整理したもので、「皇別」「神別」「諸蕃」の区別があり「諸蕃」が漢・百済・高麗・新羅・任那の末裔を扱っており、扱い数が30％を占めているとの事である。相当な数の人達が日本に渡来し、そのとき知識や技術を携えて来られた方が多かったと推測される。「フミヒト」（文章に優れた者）や「テヒト」（巧みな技をもつ者）と呼ばれている人達であるが読み書きが出来る人達だとすると、漢字の読み書きも出来た可能性が高いと考える。東アジア圏においては、漢字は公用語である。渡来した人達が祖国に住んでいたときに仏教が伝来していたとしたら、より一層一族内でも仏教に対する理解が深まっていたと考えられる。

仏教伝来の初期の頃は、主要に韓半島から仏教伝来の為に送られた人達が礎を築き、二番手として渡来系の人達の中から、仏教界をリードする人材が輩出されたと考えられる。王仁～西文の流れをくむ人達が該当するとなると行基は15歳の年齢に達したときは読み書きが出来ていたと考えられる。

仏教の経典は、中国で漢字に翻訳され、書面化されたものを経典として用いられ、中国や韓半島では、公用・共通語の漢字で読まれていた。

僧になると、納税義務や兵役の義務が免除される。後の事になるが、行基集団でも納税、兵役の義務が無いため生活の安定がはかられるので、僧になりたいという人達も多かったと推測される。行基の僧になりたい動機というのは何であるのか記録が残っていない。勝手に推測するよりは、行基の歩みを通して見つけていきたい。

奈良時代国家の保護を受けて奈良の仏教は大きく発展している。この時代の仏教の最大の特徴は鎮護国家の思想である。これは仏法により天変地異や内乱などから国家及び天皇を護り社会を安定させるという考え方である。仏教は国家とより密接に結び付き、元興寺、大安寺、薬師寺、興福寺等が平城京に移転してきており、新たに大寺院も建立された。これらの寺院では仏教研究が進められ南都六宗と呼ばれていた。これらの寺は鎮護国家を目的とした仏教研究の学派である。これとは別に行基が衆生救済に向かい進んでいくが、この時点から既に自ら求める教えを求め、そして師を求める動きをしている事を確認していきたい。行基が得度を受けた大官大寺での主要な修行は、三論の習得であったはずである。しかしながら行基が遷化したとき「和尚は薬師寺の僧である」と伝えている。薬師寺は法相宗の寺である。出家したとき瑜伽論と唯識論を読んで即座にその意味を理解したと伝えているが、少し褒め過ぎと見て取るべきであり、得度後の早い時期に瑜伽師地論に舵を切ったと考えてみたい。

修行するにはだれに師事するかを決めておくことは重要であり、現在も同様であると考える。行基の師として有力視されるのは、義淵と道昭である。義淵についてみると、643年生まれ、728年没であり、義淵の弟子として指導を受けた事も考えられる。義淵は出家して元興寺で仏門に入ったとされている。唯識・法相を修め学業褒賞で、大宝三年（703年）には僧正に任命されている。元正・聖武天皇のもとで内裏に供奉した事が評価されての事とみられている。その後の行基の歩みから考えると、義淵から指導を受けたとしても、通り一遍の指導の域を出ていないのではないかと考えられる。

道昭その人は如何であろうか。道昭は629年河内国丹比郡の生まれ、船恵釈の子であり百済系渡来氏族の出身であると言われている。653年に遣唐使の船で学問僧として入唐し、玄奘の弟子となり玄奘から三蔵（経典・戒律・仏教学）を広く学び、他方玄奘の紹介により隆化寺で恵満に禅学を学んだと伝えられている。661年遣唐使の船で帰国。飛鳥の法興寺（飛鳥寺、後の元興寺）東南の隅に禅院を建てて禅を広め種々の経典を説いたと伝えられている。後に触れる事になるが三階宗の経典も持ち帰っていると思われる。

以上が道昭についての概略であるが、道昭が学んだ禅行と法相教学について補足しておきたい。禅行であるが、道昭の禅行は、師の玄奘が翻訳した「瑜伽師地論」（瑜伽行者が認識する対象・修行・果を明らかにしたもの）に基づく瑜伽行としての禅行であり、現代日本でも広く流布している中国禅宗の祖達磨の言う「教外別伝不文字（悟りは言葉や文字で伝えられるものではなく、心から心へと伝えるもの）を宗とする」禅行とは異なると言われている。道昭が伝えたのは、第一伝でありこの時点では中国でも完成されていない段階と言われており、教学的には不完全であるとの論がある。

道昭が行基と出会い、行基が道昭より指導を受けたと認められていることは、これらは事後に弟子により述べられているのである。元々指導を受けたいと考えたら、被指導者から指導者に指導を乞いたいと依頼するものであり、そのとき指導者たるものは門戸を開いておけば良いのである。行基は自ら記録を残していないので、行動並びにその結果で判断するのが適切と考えられる。道昭からの指導内容が、行基の思考回路を通して行動の結果として現れるものと考えられる。

行基は道昭から何をどう学んだのか見てみたい。道昭は玄奘から経論を託されたと見られるが、「経論（仏教の教義を集録した類）は神妙にして究竟すべからず」と言う玄奘の言葉がある。教学研究よりも経典の受持読誦が期待されたと考えられる。こうした道昭が唐で学んだ事が行基においてどう展開されたのか興味のある事である。経典の内容についても、どのように理解し自らを導いてくれる指針として理解するかは修行を進めるうえでは大切であると考えられる。

行基が受けた法相宗の根本はどういうことであったのだろうか。法相宗の本尊は、弥勒菩薩である。釈迦入滅後56億7千万年後にこの世に現れ人々を救済してくれるとされている。弥勒菩薩は修行の身であり如来にはまだなっていない。この世に現れるのはなんと遠い未来のことである事か、それまで衆生は救済されないのか、生老病死の苦に満ちた末法の世で一生を終わらなければならない定めであるのか、絶望的な状態と感じられた事と思う。

行基を法相宗に向かわせたのは、人々を救済するのに遥か遠い未来を待ってはおれないし、今このとき生きている人々が救済される手立てが必要であると考えた為ではないかと考えられる。弥勒菩薩は唯識思想にとって非常に重要な位置にあり、「四依」と言う教説があり、悟りに向かう修行において、初依の菩薩、第二依の菩薩、第三依の菩薩、第四依の菩薩とあるように修行が進み、境地が高まるにつれて供養する仏の数が増加していき、お祀りする本尊を一仏一仏に限定しなくても良いとされている。修行に努めレベルアップしていけば、新しい局面が見えてくるようになると思われる。このときを生きていく事、弥勒菩薩に倣い確実に一歩一歩悟りに近づいていこうと行基は考え、遥かに遠い修行の道を歩みだそうとしたと考えられる。

唯識の教義は生老病死の無常の世界で迷える自分自身の心を深く究明し、その結果として一切の諸法は、心より顕現されたものであり、心の外に何物も存在しない事を自覚する事により生老病死の苦しみから解脱する事が出来ると教えるのである。自分に纏わり付く自己の欠点を見つけ出し、我法の二執を対峙して誤てる自我に執われる「自他彼此」（自分と他人あれとこれ、物事が対立し決着しない事）の対立に苦しむ苦悩を克服しようとするのである。また唯識の教えも仏教の教えの一つであり、仏になる教えを持っている。

しかし仏になる事も大切であるが、この世に生きている衆生にとって救済となるのは現在の世界に軸足を置いて、人間の内面へと沈潜して不完全な自己を凝視して、人間を捨てずして人間を超越するために苦闘する教えでもある。あくまで人間の努力で自己変革に努めていく、こうした宗派の在り方を行基は受け止めていたと考えられる。

行基は菩薩たらん事を目指して以下の事柄の正覚（仏道の悟りをきくこと）を目指して「善行を納める修行僧たらんとする事」「利他の願を以て衆生救済を図る事」「民衆に仏法を説き仏道の縁を結ばせる伝道者たらんとする事」を念じて道昭の指導を受け、修行の道を深化させ、人々の救済の拡大に努め、仏の法を広く受け入れてもらえるように修行僧としての自己を高めるために精進に努めたと考えられる。

道昭は師である玄奘より「経論は奥深く微妙で究め尽くす事は難しい、それよりもお前は禅を学んで、東の国日本に広めるのが良かろう」と禅の修行を進められ、道昭はそれを守ったと伝えられている。道昭は行基に対して指示されたように伝えた事と考えられる。
道昭は諸国を巡り、「井戸掘り」「架橋」「船場の整備」等の社会事業を手掛けたと伝えられている。行基も経論の奥義を究めるより利他行により人々の救済を図る事、多くの人々と接し仏法を説き、仏との縁を結ばせる伝道者たらんとしていた事で、お互い合致した事になる。

行基が指導を受けるようになった時期については具体的に特定し難いが、出家した数年後と推測される。道昭も行基も河内国の生まれであり、行基並びに高志氏一族は道昭とその一族である船連氏についての情報は持っていたと考えるのは的外れではないと思う。お互い百済からの渡来人の家系であり他国で生きていくために、情報の重要さについては怠りないものと考えられる。

行基は、持統五年（６９１年）24歳のときに徳光禅師より受戒を受けており、このときは両指導者の下に居り、一方徳光禅師より山林修行について、他方道昭からは法相宗並びに利他行について指導されていたと考えられる。徳光禅師のおられた高宮寺は金剛山中腹に位置し、山林修行には最適な処のようである。近くには役行者の修行場所があったと言われ、山林修行は奈良時代仏教修行にも取り入れられており、修行者としての感性を磨くために効果があるとされており、行基も一心不乱に修行に励み徳光禅師より受戒を授かったのだと考えられる。

道昭は691年以前においても各地（畿内、東海道、東山道方面と考えられる）を回り、仏教の伝来は西から東へ伝播、畿内においても知り得ない土地があるので布教の為、利他行である福祉事業を行っていたと考えられる。このとき行基は同行していたのか、考えられることは道昭の旅も諸国各地での人々の実際の生活がどうなっており、それぞれでの困り事、人々の意識状態等、現状を把握する為に同行させていたと考えられる。橋を架けるとか、船着き場の整備とかなると時間的にもまた同行する人員も多くなるので、初期の段階では前者に同行させていたと考える。

こうした道昭の活動を阻害する事が起きた。天武八年（679年）僧尼の寺院定住を定めた勅が発せられた。翌年680年には天武天皇より往生院建立の勅命が出されている。この二つの事は、道昭の活動は国家鎮護の考えに反している、そこで道昭に対して寺院に留まり修行し教義を深め国家安泰の為に祈れと政権は言いたかったのだと考えられる。往生院の建立に関わる事により道昭の活動を抑える事が出来ると踏んだのではないかと推測される。行基は道昭のリアクションに注目していたと考えられる。人生の岐路に立たされたとき、どのように考えそして答えを出すのか、生きた学習を見聞きした事は何事にも代えがたい人生経験になったと思われる。道昭も師玄奘に教わったことを守りその指導を我が師の教えとして、その後の利他行に生かしていったと考えられる。

道昭の利他行は社会福祉の範疇に入り、個人の意志だけで成し得る事ではない。やり抜くには多くの多様な資源、能力、労力が必要になる。例えば「井戸掘り」を考えてみるに、地表から見えない水源が何処にあるのか、それを探し出すのも知識・経験等の能力が必要になる。場所が決まれば土を掘り起こす作業がある。土を掘るのも道具や器具が必要になる。掘り出した土の運搬作業にも器具や道具が必要になる。古代の井戸も平均で深さ７ｍくらいという数値がある。掘った後に壁面の補修も必要になる。井戸掘りが完了しても汲み上げの設備が必要である。作業をするにも、人間腹もへるし、食料の補給も必要である。数日かかるとしたら宿泊設備も考えておく必要がある。

恩恵を受ける人達の協力を得る事は出来たとしても、道昭集団として対処できる能力がなければ利他行をやりたくとも実行は無理であると思う。恩恵を受ける人々は生活に余裕の無い人達ではないかと想像される。その上の階層における協力者を道昭は取り込めたのであろうか。人間意気に感じて協力を申し出る人達も皆無とは言わないが、橋が出来て仕事が便利になったとか、船着場を整備してもらえば仕事の効率が上がり利益が見込めるとか言った事があれば協力を申し出る面々も居るかとは思う。人間は自分の利益に関連しないと御輿は上がらないものである。

道昭は河内国丹比郡出身で族姓は船連氏。

船氏は百済系の帰化人である。大化改新のとき蝦夷宅で自害に立ち会い、焼失から歴史書を持ち出し中大兄皇子に献上したと伝えられている。船氏は歴史書の編纂に携わっていたとも考えられる。「フミヒト」としての役割を持っていた集団と考えられるが、「テヒト」と言われる技術力を持ち合わせている方面に助力を得られる帰化人の集団と接点を持ち合わせていないと、事は成し遂げ難い。こういう集団が存在していると明言出来ないが、協力者はいたと考えて良いのではないかと思う。行基も道昭の指導の下で利他行の意義や必要性を感じ取っていたと思う。今後自分が実行していくときにはどういうやり方があるのか、大きい課題を与えてもらったと感じていたと思う。

元来福祉事業は、国家が行うべき事業であるが、国家に乞われてやるより自発的にやるべき事である。あまりにも酷い実情を見て救済の手を差し伸べたいと言うことで始めた事と考える。釈迦入滅後、その後に救済者となる菩薩はまだ現れない。その時間を少しでも埋めていきたいという思いで、仏にかわりて慈悲を届け、仏と衆生との縁を取り結ぶ役目を果たしつつ、自らも成長を遂げていきたいと行基は考えていたと思う。行基が受戒を受けてから7年後、文武二年（698年）に道昭は大僧都に任命される。このとき道昭70歳である。

文武天皇は持統天皇の中継ぎを経て天皇になるも、しかるべき年齢には達していないので藤原不比等が補佐することになる。政権は道昭に対して寺の外に出て、利他行をやるのは国家の威信を損なうものであり、ロートルは天皇が授ける有り難い冠位を謹んで受け取り、国家鎮護の仏教に沿うような活動をしろと命じているように受けとめられる。道昭の授かった冠位は、僧正でなく僧都である。７０３年に義淵が僧正の位を与えられている事を見ても政権の立ち位置が見えてくる。人事については昔も今も変わっていない。その後道昭は、後進の指導に尽力されたと考える。

行基は政権より冠位を与えられるのは、本来の望みではないと思われる。僧として仏の道に従って生きていく者として、国家鎮護の徒になる事は、ダブルスタンダードになり日々の修行並びに僧として本来行うことの妨げになるのではないかと考えたのではないかと思える。行基は修行者として人々の指導・救済を仏教の教えと利他行を通して成し遂げたいと考えていたのだろう。国家権力から離れて修行者の道を進めていくにはどうしたら良いのか、師道昭への締め付けを通して課題を与えられた事を痛感したと考える。

道昭は2年後の７００年3月10日入滅、道昭自身の遺命により火葬された。日本において火葬の初めとされ、行基も葬儀に立ち会った事と考えられる。行基は33歳になり僧として自立しうる年代に到達したと考える。道昭の下で教えられた事、「国家の締め付けに対してどう対処していけば良いのか」、生きた教材として多くの経験をさせてもらった事であろうか。自分の進む道、自分の在り方を確立すべきときが来たと痛感したと思う。

文武四年（７００年）道昭が亡くなった後も行基は本元興寺に居たと考えられる。今まで通りに山林修行も行っていたと考えられる。行基については『日本霊異記』の中巻第29と第30の話でも神通力の眼を持ち合わせる領域に達していると記されている。また山林修行の効果と言うよりも、山林修行を行う事により病気や体力の衰弱を防ぐ策を会得したり、山林修行を行う為に本草学の知識を求められたり、薬を造るために栽培を行ったり、携帯品としての薬も用意していたと考えられる。

道昭存命のときには、教えを乞う事も可能であったが、師が亡くなられた今となっては、師が導きだされた答えがどのような思考回路を通して導きだされたのか、師が持ち帰られた経典を理解し、併せて自分で答えを出すという学習・修得に取り組む事になったと考えられる。行基が自ら取り組む事を通して、三階宗の経典にも目を向けて、修得に努めたと考えられる。この事が行基にとって今後に影響を与える通過点になったと思われる。

三階宗では、「末法のときの衆生はただ聚落に在るを得て、山林閑寂におるべからず」と言っている。今まで励んできた山林修行は三階宗の考えでは否定される事になる。行基は山林修行を含めてレベルアップした自分が人々の役に立つことが格段と多くなり、人々の救済に役立つという法相宗の教えとは矛盾しないと考えていたようである。

他方三階宗では、悩める聚落の中にいればこそ救済の活動が進められるのだと教えている。今までの考えは、一時的にせよ末法の世を避けていたのではないかと考えるようになってきている自分を見つけたと考えられる。別の言い方をすれば、自己完結型の修行の延長上でしか物事を考えてこなかったのではないか、自己満足に堕する可能性をも含むものであるという認識が生まれてきたのではないのかと推測される。では聚落の真っ只中にあって、衆生をどのようにして救済していけばよいのか、頭の中は堂々巡りを繰り返し、行基には答えが見つからず、もしや自分も学僧に成りかけているのかと疑念も浮かんできて、とにかく立ち位置を変えてみようと考え、慶雲元年（７０４年）に郷里の和泉国大鳥郡に落ち着くことにしたと考える。

行基は慶雲元年、生家を家原寺へ改造した。慶雲二年（７０５年）、大修恵院（高蔵院）を和泉国大鳥郡大村に建立。慶雲三年（７０６年）蜂田寺を和泉国横山に建立。

生家の近くに建立を開始した。そこは行基のホームグラウンドであり、最も身近な人達も行基の活動に加わってくれて、そこに修行を行う道場としての機能を持たせ活動の起点を創りえたと思われる。行基の成長時の環境になるが、行基の生家というと母方蜂田氏の住居である。蜂田氏の同意があって家原寺に改造したと考える。蜂田氏も仏教に対する帰依が深かったと考えて良いのだろう。行基にとっても仏教に親しむ環境に恵まれていた事が見て取れる。

その後行基は慶雲四年（707年）に生駒の仙房に移っている。この住居の移動は母に孝養の礼を尽くす為となっているが、介護する場所として河内の方が生駒の仙房より便利かと考えられる。わざわざ山中に連れて介護するには何かその地でのメリットがあるかと考えての事だと思う。それは行基が山林修行で会得した薬草の効能かと考えられる。

聚落にわが身を置く事を考えて河内に移ったが、再度生駒に戻ったのは、自分の手立てを使い母が平穏な最期を迎えられるようにする為かと考えられるが、一方で修行も行っており、そしていまだ解決に至っていない三階宗の修行の進め方についても深く詰めてみたいと考えていたのではないかと思われる。行基の介護もあったが和銅三年（710年）に亡くなられ、行基は喪に服した。

和銅三年、平城京遷都が発せられた年である。既に和銅元年（708年）頃より平城京の造営は進められていた。行基が修行していた生駒山の中腹は、難波宮―河内―平城京へ繋がる街道が見渡せる高台で、平城京造営に駆り出される役民や調庸の税物を背負い京へ輸送する人民の姿を見、役目が終わり郷里への帰路を疲労困憊した姿を目にしていたと考える。実際多大なる負担に押しつぶされそうになっている人達を目にして、行基の中で葛藤が生じていたと考える。

　今迄の山林修行の延長上で修行を進めていく事の是非を考えてみると、三階宗の宗祖信行の街頭活動の考えは、「ただ聚落に在るを得て、山林閑寂におるべからずの意味が頭の中で整理出来なかったが、皮膚を通して体得されるように感じられ始めて、その意味するところは教えを受ける者の資質が下根であっても多く集まれば強い伴侶朋友になり得る」という事であるとの思いに辿り着いた。

　人々の集落における共助活動に多大の信頼を寄せる事が、行基に「我一人悟れり」というのではなく、衆生と同じ次元（立ち位置）において共に行おうとすることの大切さを気づかせ、行動を起こす修行者たらんとする意思を固めさせたと考えられる。

# 第二章　布施屋の為の托鉢が僧尼令違反に問われる

和銅五年（712年）行基は草野の仙房を出て布教を開始することになる。平城京に遷都するも造営の工事はまだまだ終了していない。『続日本紀』には、以下のような記載が見られる。諸国から徴発された力役の民は京の造営に疲れ、逃亡する者も多く、禁止しても止まらない状況である。また諸国からやって来た役民が郷里に帰る日には、食料が欠乏し帰路で飢えて力尽き果て、溝や谷に転落し死亡する者が少なくない。こうした状況を見るに如何に平城京の造営が過酷な労務を人民に課していたか理解出来るかと思う。

朝廷は解決策として「郡稲都銭」の交換に応じるように指示を出している。果たして、この時代貨幣は鋳造され流通され出しているが、貨幣流通が浸透していたのか甚だ疑問である。銭との交換は、生産物（余剰作物等）とで行われるのである。一部の裕福な人達がいる一方で、多くの人民は一年分の食料にも事欠き、暴利の貸米に手を染めている者が多く見られる状況である。朝廷の解決策は絵空事である。朝廷が役夫や運脚夫に帰路に就くときに路銀を与え、街道筋に公設の交換所を設置してくれるならば人々の苦しみも多少なりとも緩和出来た事と考えられる。確かに食料に欠乏した人々にとり食事を提供してくれる処や雨風をしのげる施設が街道筋に在れば、大いに助かる事で適切な事と考えられる。

行基は畿内の各地に進出して、自分の奉じる教えに同調し協力してくれる人々を集め、行基集団は交通の要所に布施屋を設置する運動に乗り出していった。布施屋の設置は行基にとり目に見える形での最初の活動である。布施行は六波羅蜜（悟りの世界に到る為の六つの修行）の一つであり、施者は貪欲心を離れ三宝や貧者に衣食を与える事により、幸せな報いを受けるとされている。助けであるとともに修行の道でもある。

行基の初期の布施屋の設置にはある特徴が見えてくる。以下がその設置された布施屋の場所である。大江布施屋（山城国乙訓郡大江里）大江郷には古代山陰道の出発駅である大江駅が有る。垂水布施屋（摂津国豊島郡垂水里）摂津—河内—平城京に至る交通の要所である。石原布施屋（河内国丹北郡石原里）難波—河内—大和を結ぶ交通量の多いところである。布施屋を始めた事は、行基の心に刻まれた思い、役民や運脚夫の苦痛を少しでも救いたい気持ちが前面に出ていると思われる。

これらの布施屋は、院を伴わない単独での設置である。布施屋の設置の目的は、郷里に帰る役民や運脚夫が各々の生活する場所に辿りつけるように休息をしたり、そこで食事の提供も受けたりする場であったり、病気の人には介護を受けられる場としての役目を果たす為の設備でもあったと思う。

行基の世話を受けた人々は、そのもてなしに感謝し、人々にそのことを伝えた事だろう。

一方行基達の布施屋の運営はどうしていたのだろうか。活動を始めたばかりのこの時点での行基集団の構成員はどうであったのか、行基を慕う私度僧のような人達や班田収授農民層と言える人達がこの時期協力した知識であったと考えられる。労力は出せても資力は出しにくい人達であり、僧尼に与えられた特権といえる托鉢により食料・衣類等を集めていたものを供給したと考えられる。数多の役民や運脚夫に対応する為には、より多くの布施の獲得が必要とされたと考えられる。

布施屋の運営は、多くの困窮にある人々を支える不可欠な事だが、後に見られる郡司等の下級官吏層の支援は届いていないと考えられる。行基の布施屋の活動に対し共感する人達は居たのかもしれないが、郡司等にとり自らの利益に直接結びつくものではない。行基は布施屋の活動で目一杯な状態であり、郡司や郷長等を含む下級官吏層を獲得するという考えは視野に入ってこなかったと思われる。

この時期行基が開いた寺院は、恩光寺だけである。所在地は大和国平群郡にあると言われるが、所在が不明であり行基が母を看取った生駒院を寺院に改造したのではないかと言われている。

行基達にとって厳しい折、養老元年（717年）4月に当時行基を含めた僧尼等の活動を「僧尼令」違反として禁圧する詔が出されている。内容を要約すると、㈠法に則った手続きを経ずに勝手に髪を剃って、僧侶の衣服を身に着け僧侶のように振る舞うことを禁止。㈡僧侶は寺の中に居て仏の教えを受け仏の道を伝える事である。㈢僧侶が仏道により神呪を行い、煎じて薬を施して病の治療に当たる事は、誰でもが行う事を許されるものではない。特に㈡について、行基集団は大挙して街の道路に溢れ出て、勝手に食物以外にも衣類等を要求している。集めるに当たり喜捨する事の意味を説き、仏の修行としては許されている行為「指先に火を灯して焚く事や、臂の皮を剥いで写経する事」、こうした行為は京の在住者にとっては、インパクトを与える事であったと思われる。行基集団としては在家信者や協力者を増やし、喜捨の数量を増やして布施屋の維持を図るためにも、この時点では不可欠の行いであったと考えられる。

行基としても僧尼が寺院に居住し仏の教えを受け仏の道を伝えるべきと言われても、行基の教えに対する理解とは全く別物であり、何の為に修行をしてきたのかを考えると中止する事は到底出来るはずもないと考えられる。僧尼令による禁圧は全て行基集団に向けて出されたものではない。この事は、社会の中に国家仏教と異なる胎動が見られだした証しである。しかし㈡で言っている事は、行基集団を特定して禁圧を目論むものである。

それは行基と弟子たちが徒党を組んで、寺院の外で布教活動を行い、妄りに罪福を説いたことによると推測される。

律令体制下の官僚としては、中国での宗教活動に端を発した国家に対する反逆の事例はよく知っている事であり、また天変地異を含めて国家がよく統治されていない事は、天子（天皇）の徳が薄い為に国が乱れるのであり、易姓革命は許されると主張する事に繫がりかねない。朝廷は、百姓が課役を忌避する事や、得度を望んで課税逃れに走る事も防止したい。

国家の収入源が減少する事を見逃すことは到底出来ない事だったのだろう。

僧尼令が行基集団に与えるダメージの大きさはいか程であったのだろうか。僧尼令は取り締まりを受ける対象者に向けられたものであるが、監督の官が厳しい取り締まりをしない為にこのような弊害を生じさせているとも見て取れる。先ず取り締まる側がしっかり取り締まり能力を発揮し抑え込みにかかれと言っているようにも見て取れる。

当時の政権のトップは藤原不比等であった。翌養老二年（718年）10月、太政官は僧綱に対して五か条（僧徒の浮遊を禁止、僧徒の村里での托鉢を禁止等）を指示している。この趣旨にて不比等政権は仏教界の自浄機能に期待し、僧綱（義淵、観成、弁正、神叡）の当時の四人が違反僧侶を説諭する事を期待し僧綱の主体性を尊重しようとした。王法と仏法の相互依存関係に基づき役割分担を果たすとする政治姿勢が見えてくる。
50歳の行基に対して「小僧行基」と蔑んだ厳しい言葉を使っているが、致命的な弾圧は受けていないと思われる。弾圧のなか養老二年（718年）隆福院（大和国添下郡）を建立。河内と大和を繋ぐ暗《くらがり》峠越えの奈良街道の沿線にあった。養老四年（720年）石凝院（河内郡）を建立。この院は生駒山の西麓斜面にあって、平地と山地の接点に位置し、ここから生駒山を越えて大和に入る道があった。

行基の福田の実践例の中ではとりわけ交通路に関わる施設の設置に注目すると主要街道に接続した布施屋の設置だけでなく、併せて寺院（道場と言うのが相当）の建立、道路の整備・造成（高瀬より生駒山に登る道）と言った関連した機能を高める為の所作が見えてくる。以降架橋、船息（港の建設）を含めた総合的に交通の便に役立つ事を意図している。先ずは運脚夫、役民の通行を助けるために、併せてその地域の住民にとっても役に立つ機能、インフラ整備にも寄与し、郡里の官人の役に立つ物でもあったのだろう。スタート時に困窮する運脚夫・役民の布施屋だけでなくより大きな機能を持った施設に変化する兆候が見えてくる。

政権のトップだった不比等の関わり合いについてみると、興福寺での維摩会の再興がある。維摩会は藤原鎌足が山階の屋敷で病気に苦しんだ斉明天皇のために656年、維摩経の読誦を行って平癒したのを機に始まったものであると言われている。鎌足没後に中断したが、不比等が病気に苦しんだ慶雲二年（705年）に再興を果たし、翌年藤原京の邸宅で、鎌足忌月に維摩経を講読させ自ら願文を創ったとされている。

一方山階寺を平城京に移し興福寺と称し同寺において維摩経を講読したとされている。不比等の仏教との関わり方を見ても仏法への依存度が大きいと見られる。政権トップの不比等の意向が僧尼を法令違反として、直接弾圧するのでなく、いわゆる部分社会としての自己統治を認めていこうという姿勢が見えてくるが、的はずれだろうか。不比等も養老四年（720年）8月に没している。

養老五年（721年）5月に元明上皇の病気平癒の為に得度が行われている。天皇並びに上皇のときに仏法のお世話になっているが、何か因縁めいたものを感じられる。仏法に上皇の感謝の気持ちもあり得度を行ったのかは判然としないが、その3カ月前に行基が朝廷に招聘され、行基の弟子の中から二人が得度を受けたとある。養老元年（717年）に僧尼令に違反したとして弾圧されている。4年が経過しているが、朝廷が行基を招聘し、弟子二人に得度を許すという事は、どういう事なのだろうか。

行基は布施屋の実行者として、運脚夫や役民の救済に努めている。養老五年（721年）天候不順により凶作となって、朝廷としても減税を行わざるを得ない状況である。運脚夫や役民が復路にて、主要には食料不足により命を落とす事態が多数起きており、朝廷としても対策を迫られている状況であった。

行基等の活動は本来ならば朝廷が行うべき事であるが、代わってやってくれていると認める官人も少なからず存在したと思われる。行基等の活動をサポートし、活用する手もあったはずである。僧尼令の取り締まりにより、食料調達の托鉢行為も制限を受けており、従来の調達方法では集める事がますます困難になってきている。

行基を取り巻く周囲の民衆を見てみたい、下層官人層の中にも行基への協力者や信者という人達も従来よりも集まってきた事が窺える。行基が民衆に説いた因果論（現在の善行は未来への幸へと繋がり、現在の幸は過去の善行によるもの）が人々の心に浸透してきているると考えられる。

得度を受けた二人の弟子のうちの一人寺史乙丸は、行基に自宅を寄進し建立されたのが菅原寺（後の喜光寺）である。所在地は右京三条三坊にあり、この地区の住人は仏教に造詣が深く、技術や行政実務に通じた畿内出身の渡来系氏族を中心とした下級官人や奴婢を抱える墾田を所持する人達であり、班田収授農民より経済的に余裕のある人達であり識字率も高かったと思われる。寺史乙丸もこうした階層の人であり、彼は秦氏系の渡来人と言われる乙丸の一族と思われる。寺史妖麿という人物は、行基集団の一員であり菅原寺で修行したともいわれている。こうした人達が新たに集団の中枢で戦力になってきたのだと考えられる。菅原寺は京における活動の拠点になり得たと考えられる。

政権の中枢にあった藤原不比等が没し、その後舎人親王が知太政官事に任じられたが太政官の実質的指導権は、大納言であった長屋王にあり養老五年（721年）正月に右大臣に任じられた。長屋王は天武天皇の皇子である高市皇子の皇子である。母親が皇女でなかった為に即位は出来なかった。

養老六年（722年）に出された禁令は、長屋王の意を表したものであり、不比等の教団への自浄機能や僧綱の主体性を尊重しようとする姿は見られず、違反僧尼に対しては厳罰主義で臨み、同年7月私度僧には杖百を科し本貫地へ強制送還を行っている。

この時期行基の活動は、布施屋の維持は勿論のこと、多くの役民が駆り出されて造営中の平城京での布教形態は集団托鉢により得た食料を困窮の京の住民に施すとともに因果を説く活動であったと推測される。こうした活動も禁止の対象になったと考えられる。

長屋王の厳しい圧迫により、行基の京での活動は中止せざるを得なくなり、菅原寺を中心として活動した集団も組織的活動を中止せざるを得なくなる。行基は京を離れ、和泉に移りそこで活動の場を探すことになる。

# 第三章　農村布教の新たな展開と政権による行基集団の公認

平城京における活動を中止した行基は、神亀年間（724〜729年）に建立した寺院が六院ある。和泉国に五院、河内国に一院である事からホームグラウンドに戻り活動を再開したと認められる。天平二年（730年）から寺院の設置は摂津国、山城国、大和国が主となり、和泉や河内の比率が低下してきている。和泉や河内国で行基集団が新地での活動をなしうる基本的な力量が整ったと考えられる。

まずは、神亀年間の和泉や河内国での活動を見ていきたい。行基の旺盛な活動は、地元民の協力もあり、托鉢行、布施行の勧誘も大いに進んだと考えられる。六院の造営、山崎橋、檜尾池や土室池の造営を成し遂げられたのは、地元民の労力と資材の提供無くしては成し得ないと考えられる。

何故に農村布教がスムーズに進んだのか、その要因を考えてみたい。農村においては、地縁や血縁の繋がりが強く、個々人は共同体の規制を受けており、新たに何かをするとなると氏全体で認めてもらわないと、個々人との接触も困難であり、連綿として続いている氏の守り神が存在しており、自然崇拝が根強く残っているので、外来の宗教である仏教に対して、個人の判断としては門戸を開き難い事であったと考えられる。

和泉国は行基のホームグラウンドであり、また渡来人の居住者も多く、仏教に対する抵抗感も少なく、開明的な地であったと考えられる。

高志氏一族も居住している。高志氏は王仁の末裔とされる西文氏の一族であり百済系渡来人としてのネットワークを持っていたと考えられる。母方の蜂田氏も近くに居り、行基は他所者としてではなく仲間として迎えられ、人伝に行基の活動は知られていたと思う。

以前行基は慶雲元年（７０４年）に郷里に戻り、生家を家原寺として造り替えている。翌年には高蔵院（和泉国大鳥郡）、翌々年には蜂田寺（和泉国和泉郡）を建立しているが、これらの寺院を拠点として行基不在中であっても維持し活動を継続していた行基集団の人達がいて、行基のこのたびの布教の拡大の手助けになったと考えられる。

京と農村での布教活動を通して所与の条件の相違や人々の要望にも違いがあり、人々の生活をサポートするには何が必要なのか、どういう手立てを用意する必要があるのか、行基集団は検討されたと思う。とりわけ布施屋活動を通して知らされた知識層の拡大の重要性、とりもなおさず労力も資力も用い得る集団としての活動を推進させる事が重要だと分かったと思う。行基の初期の活動に見られたような布施屋単体での活動に終始することなく、布教で触発された人々の修行の場として寺院を活用して、活動が継続して拡大していく為にどういう機能が集団として欠けているのか点検された事と考える。京にはまだ戻れる状況でなく、当面の課題でもある農村での布教を進めるためにどうすべきかと実現の為の具体的方策を見出そうとしていたと想像される。

何故に行基は和泉や河内国において政権の圧力によって潰されずに、活動出来たのか大いに知りたい事である。一つには行基集団の怯まない精力的な活動を遂げ得る力があったことは言うまでも無いが、和泉国を管理・支配していた国司の長官の目こぼしがあったのではないかと疑ってみたくなる。

神亀三年（726年）の檜尾池院の建立は檜尾池の造成を伴い、池の造成は用水路の造営や田地の開発と連動しているので相当多くの労働力が必要とされ、大勢の人々が工事に関わったと考えられる。神亀四年（727年）には大野寺と同尼院を建立している。ここでも灌漑用の土室池、長土池も随伴施設として造っている。大野寺土塔からは人名を刻んだ瓦が1200余点出土しており、工事は大規模な動員によって可能になったと考えられる。工事中に集まる人々に対する監視は当然なされており、国守は工事が完遂されるのを最低でも容認していたと考えられる。

神亀年間、和泉国の長官は阿倍広庭（正四位下）で、養老六年（722年）12月に参議に任じられ、同年3月に和泉国と河内国の長官を兼任する地位にあった。その後神亀四年（727年）に中納言に昇進している。中央官人を長官に任じており、政権としては強力に支配する為に任じているのであって、その官人が行基集団の活動を容認し続け、中納言に昇進しているとしたら、台閣（政治を行う官庁）の中にも行基集団の活動を容認している上級職の議政官がおり、彼等の同意を取り付けていたものと考えて良いと思う。

彼等の了解事項、行基集団の布施活動を容認するという事には裏があるようである。和泉国で進めている珍努宮（和泉宮）の造営を維持する為に、資材と労働力を確保する必要があり和泉国の土豪の協力が必要である。

阿倍広庭が行基集団の活動を容認していたのは、その為であったと考えて的外れではないと思う。行基も和泉国の土豪の出身である。

彼等地元有力者の協力を得る為であったと思う。こうした取引は政治や経済の世界では日常茶飯事にあり得る事であるが、仏道の世界では馴染みの無い事であるので違和感をもったと考えられる。行基にとってこうした事は異質のものと感じられた事と思えるが、京より本貫地に帰され、僧尼令により活動を禁じられている状況であり、これも一つの現実と受け止めなければならない事柄として、出来得る活動を進めていく事を選択したと考えられる。

布教活動の重要さが改めて感じられた事と思う。

行基が和泉国にもどり、六院の造営を行っている中で、新しい動きが見えてきたように思われる。河内国交野郡に造営した久修園院（山崎）は、随伴設備として山崎橋と楠葉布施屋がある。山崎橋は天野川にかかる橋であり北は乙訓に繋がり、河内国より京への道路に繋がり人々の往来が多かったと思われる。橋の近くに布施屋があり、運脚夫や役民のサポートになりえたのであろう。彼等の利便性を高めるだけでなく、物資の流通を助け、公用の官人の助けにもなったと考えられる。

一方檜尾池院と大野寺は、和泉国大鳥郡にあり、行基の居住地の近くでもある。両院ともに池を随伴施設としている。近傍の農民が農業用水として活用したと考えられる。行基集団が農民の要望に基づいた灌漑土木工事で、生産量の拡大や、新たに耕作地として活用するための設備であったと推測される。但しこうした工事を行うには必要条件が出て来る。それは「労力」「資力」「技術力」である。これを如何に満足させる事が出来るのか考えてみたい。

労力については行基集団の中にも戦力になる人々はいたけれども、受益者にも協力を募ったと考えられる。資力については農民層にとって余力は少ないと言わざるを得ない。郡を統治している郡司等の豪族に対して働きかけ、受益の中から喜捨してくれるように働きかけたとも考えられる。技術力については、行基自身が渡来系の氏族であり、渡来系の氏族には「テヒト」と呼ばれていたように土木や建築に関する技能を持った人達が多く、大阪湾地域（摂津、河内、和泉）に居住していた。大野寺の出土瓦に「土師、秦、河原、大村、高志」等の名前が刻まれており、行基をサポートしてくれた人達と考えても良いだろう。工事現場の近くに居住していた人達が、協力的に参加されたと考えられる。

初期に見られた行基集団の布施屋活動は、集団で布教を行い、喜捨をお願いして被救済者を助ける自己完結的な行動様式であったが、その後の活動の進め方は、「労力、資力、技術力」を備えた集団として、被救済者を最終的には助けるのだが、地域の住人や住人を統治している階層の人達の役にもたち、地域に受益をもたらし、そのなかから対価を受け取り、救済活動を行うといった、活動のサイクルを回して行基集団の活動が地域に根差すように努めるという活動にシフトしてきたと考えられる。時期的には神亀元年（724年）と神亀二年（725年）の間くらいと考えられる。

神亀元年に建立された清浄土院（高渚院）、同尼院は、宝亀四年（773年）の時点で精舎荒涼の状態に陥っていると記されている。初期の布施屋同様寺院を維持するための資力の裏付けが、なかったことを示している。

時期が前後するが、養老六年（722年）百万町歩開墾が長屋王により奏上された。左大臣になるのは、神亀元年（７２４年）である。奏上の要因となったのは、班田収授法を基本とする、土地の公有と均分の原則が破られたことで、貴族層も位田・職田・功田を長期に亘り領有する事により、大土地所有の素地が出来つつあった。

国内人口が増加した為に口分田が不足した。

奈良時代の初め、大まかに言うと、人口が４５０万人くらいであったのが50年後には、５５０万人くらいに増加している。この傾向は、弥生時代より人口増加の角度が急になっており、稲作の普及に因る事が大きいと考えられる。

班田収授法は破綻をきたしつつある。農民層は困窮の度合いを深め、租税を免れるために戸籍や計帳を偽り、あるいは浮浪者となって、豪族のもとに身を寄せたのではないかと考える。

こうした現状を改善しようとして計画されたのであるが、実施の内容は班田農民の賦役を利用して労働力を確保し、開発に要する器具や作業者農民の食料も官より支給するという進め方である。実行部隊の管理者である国・郡司に対しては褒美として地位の昇進・昇格を示してみるも、効果が上がらず中止となる。計画の精度がどうだったのか、農民を徭役の名目で駆使して、効果的な仕事の達成がなされたのか、そして開墾の進捗と農民の仕事量が見合っていたのか見えてこない。開墾にとって重要な事は、水の確保と灌漑設備がどうなっていたのか、また土木の技能を持ち合わせた技能者が配置されていたのかである。検討と結果の確認が如何になされたのかもやっていないように見えてくる。翌養老七年（723年）に三世一身法が発布されている。

三世一身法に触れる前に、班田収授法の下で農民は土地を与えられそして租税を納めるのだが、生活はどのような状態であったのか見ておきたい。

〈班田収授法に基づき農民の食生活の検討〉

収支の検討を行う

前提条件

良民男子　2反の口分田

租税　反当たり　2束2把

反当たり収穫量　2・8斗〜9・5斗

1束　米5升（現在2升に当たる）

収支

収穫高（2反）　5・6斗〜19斗

56升〜190升

租税　22升
手元残　34升～168升
現在の升換算　13・6升～67・2升
1日に消費可能な食事量
136合÷365日＝0・37合
3日に1回1合の米食す
672合÷365日＝1・84合
毎日粗2合の米食す

奈良時代と現代との比較では米自体進化していると思うので一概に比較するのは無理があるかもしれないが、実感できるようにする為に数字での比較を行う。現代米1合（150g）のカロリー、150g×4㎉＝600㎉となる。成人の基本代謝カロリーは、1日約2000㎉と言われている。奈良時代は1日2食だとすると本当に良好な条件で被害もないとしても1日何とか食べられることが分かる。この時代は天変地異も多く、気候も温暖に推移している年が続いたわけでもない。

粟や稗の雑穀類で不足の食料を補わないと生存自体が難しい。

当時の庶民の食事は、メニューとして挙げてみると、玄米ご飯と茹でたノビルと海藻の汁に塩のみで、全部で４０７㎉しか無いと言われている。カロリーの数値で見ると、４０７／６００㎉では1合に満たないという事になるが、今ほど栄養価が高くないので1合と見て良いと考える。課される税は租だけでなく、他に調（絹布２・６ｍ）庸（京での労役10日）他に兵役・仕丁等もある。

出挙で稲を貸し付けられると利息が5割で、半強制的に貸し付けを強制されていた。負のスパイラルに巻き込まれたら後は逃散しかないという事がよくよく理解される。

政権自体が口分田の不足を補うために良田百万町歩開墾を計画し失敗に帰した。翌年養老七年（７２３年）に三世一身法を発布した。下々に開墾を行わせその労に報いるために開墾した者に対しては、灌漑設備を新たに造り土地の開墾を行った者には三代に限り租税の免除を含めて土地の使用を認めるとし、一方既存の灌漑設備を利用し土地の開墾を行った者には一代に限り租税の免除を含めて土地の使用を認める制度である。開墾したときは地味が肥えているわけも無く、開墾に要した経費と収穫量がどの年数で収支が合うことになるのだろうか。開墾者の代を含めず三代と一代に考えるのが妥当だと考える。何れにしても政権としては公地公民の原則は堅持し、税の財源の確保を狙ったものと考える。

神亀三年（７２６年）行基は和泉国大鳥郡和田郷に檜尾池院を建立し、檜尾池を随伴施設として造っている。その後多く見られることになるが、三世一身法には、開墾者に対する制限はつけられていない。口分田を増加させるのであれば大いに結構という事だと考えられる。長屋王らしく、目的と手段と整合が取れており、班田収授法を厳守していきたいという意志が感じられる。

行基は既に久修園院を建立するに及んで、渡来系集団とのネットワークをつなげ、技術力の提供や技術者の提供を受けていたとみられる。開墾の依頼者は、地元の豪族達であり資力と労力は保持しており、行基集団の指示に基づき一体となり、灌漑設備・水路・堀を造り土地の開墾を行ったと考えられる。システム的で効率的な作業手順、豪族傘下の多くの人々を使いこなし、目覚ましい速度で工事は実施されたと推測される。

この工事のロケーションを見てみると、檜尾池院は大鳥郡の和田郷を構成する村のひとつである。石津川上流の地区であり奥まった丘陵地である。檜尾池は灌漑用のため池であり、用水路を設けて田地の開発を行った。この開発は新たに土地を開墾し、田地を造るための開発であると看做しうる。灌漑設備の付随した開墾は、大規模工事になる。依頼者は、資力・労力を持ち合わせた土豪と考えるのが相当と思える。

行基は三世一身法発布後、院（修行の為の道場が相当）と結合した灌漑設備の造営という新たな運動形態を創出し、以降豪族等の新田開発の最初のモデルになったと考えられる。

それは班田収授法では、開墾田地について規定を持ち合わせておらず、三世一身法により開墾者の権利保護を認めた事は、土豪等の安心に繋がったと考えられる。では行基にとって院と結合した灌漑設備の造営という活動を進める事はどのように理解されていたのだろうか。

院は活動の拠点になり、土豪並びに傘下の人々に布教を広め、教えの輪に取り込む事も出来る。豪族にとって新田開発は利益の追求である。利益の一部を行基集団に還元してもらえれば、院の維持にもなるし、今後の活動の助けにもなる。前にも述べたが、農村での布教にとって信者を一本釣りで勧誘するのでなく、共同体そのものを取り込む事が必要であり、こうした新田の開墾は土豪層の富の蓄積に寄与するだけでなく、布教の場や布教の機会を与えられた事になる。

行基集団の活動は技術力を持ち、労働に励むとともに土豪の傘下に居る人々をも行基集団のシステム的な作業を通して、自主性を持ち得るように日々努めて目的を持った個々人に導かれた事で、行基集団、土豪や傘下の人々にとっても三方にとり善いと言える状況が生まれた。同じ労働でありながら生み出す結果に違いを実感された事と思える。行基集団にとって諸施設は土豪を壇越（施しを与えてくれる信者）としているが、壇越である土豪の名を付けた施設は、見当たらない。それは行基が「諸施設の与える利益は、作業に参加した人々が生み出した成果であり、参加した人々に等しく分けられるもの」と考えられたからであろうと思う。

このフレーズには、行基の教え「仏の慈悲は万人に等しく享受されるし、元来の意図や元来の目指したスタート時がどうあろうと、その力を合わせて成し遂げられた創造物は、携わった人全員に帰すものである。そうでないと唯の強欲な利益の追求者に過ぎない」という事であると思える。仏の意思の実現の為に行基集団はやっていくのだというその思いが感じられる。

神亀年間の行基の活動と天平年間に入ってからの活動に変化が見られる。神亀年間、行基は和泉国や河内国での活動が主となっている。この間農村での布教は、新たな知識層を増やし、信者並びに布教活動エリアを拡大している。長屋王が発布を求めた三世一身法は班田収授法の維持を図りながら口分田の増加を図り税収の増加を目指すものであった。利に敏い豪族や土豪が三世一身法に則り、新田の開墾をはかる為に、行基集団にアプローチを試みた。行基も渡来系技術集団との連係を進めるためにネットワークを強固にし、「労力・資力・技術力」を備え新田開発に対応出来る組織力・方策を整備出来たのが神亀年間と考えられる。

布教の展開の仕方はどうであったのか、今迄の行基の信者達は、京の住人と官人の下層の一部の人々や、班田収授法のもとでの農民層がメインであった。新たに接触し始めた土豪層（中には渡来系の集団が土着し、土豪に転化した人々も居ただろう）を信者に取り込む過程で新たな展開があったと考えられる。例えば土豪層が行基集団の土木技術を利用するだけでなく、傘下の人々に対し行基集団との結びつきにより、信仰の世界に繋がる橋渡しの役目を果たす人達も出てきたと考えられる。

霊亀二年（716年）に発せられた、地方豪族の氏寺を地域単位に整理・統合し、統制の下に組み込もうとする「寺院併合令」は、豪族の反抗を生じさせてしまい、なかなか実現出来ず天平七年（735年）に至って撤回された。行基等の布教活動により地方における仏教流布のエネルギーを拠点毎に展開するなかで、成り立ちが違う国家仏教の枠内に押し込むことは無理であり、政権にとって有益と看做される事、三世一身法に基づき新田開発を進めている土豪や豪族に対して冷水をかけて、やる気を無くしてしまうよりも、一定の範囲で容認してでも実利を取った方が良いとして舵を切ったと考えられる。国内の潮流までになり、動きだした活動を無理に抑えるよりも、活用しようとする考えが民間の仏教に対する方向性に変化を生じさせてきている。

大阪湾に隣接した地域での活動を進めていくのであるが、天平元年（729年）2月に起きた「長屋王が自殺に追い込まれた事件」を見落とすことは出来ない。長屋王は律令を厳しく適用する性向が強く見受けられ、『日本霊異記』の作者と言われている薬師寺の僧景戒の評価も良くない。事件は藤原四子による長屋王排除の策謀である。聖武天皇には男子の世継ぎがおらず、一方長屋王には吉備内親王との間に皇子がおり、ポスト聖武の新天皇は長屋王側に移る公算が大きいために、藤原四子の策動を聖武天皇は黙認していたのか、これから以降策士の面をもつと思える天皇と行基の関わり方が気になるところである。

行基は天平二年（７３０年）以降に驚異的な勢いで寺院の建立、随伴設備を設置していく事になる。行基の天平二年の摂津国で院に付随する施設の対象に特異性が認められる。善源院・同尼院、船息院・同尼院、高瀬橋院・同尼院について見ておきたい。

善源院・同尼院は、西城郡津守村が所在地となっている。随伴施設には、二つの堀川があり院は川堀に面して立地していたと考えられる。渡布施屋があるという事から津守村は交通の要所と考えても良い。川の傍で交通量が多いという事は、船着場交易の場所であったと考えられるので、運送業や商業が成り立つ場所であったのだろう。

船息院・同尼院はどうであったのだろうか。

所在地は兎原郡宇治郷にある。高瀬大橋の周辺に「高瀬大庭」と称される長柄船瀬という停泊地の一部があり、ここには貨物が集積され、人々が行き交った処である。貨物と人を通すために高瀬から生駒大山に至る直道が開設された。この道は高瀬から直線的に走り垂水神社に至る。垂水神社付近には垂水布施屋があったとされる。この道は行基の直道と接続し、河内と平城京を結ぶ最短ルートとして使用されたと考えられる。運脚夫や役民の労を少なくするためだけでなく、摂津・河内〜大和の先進的な地域を往来して、貨物を輸送する者や商売に従事する者達の役に立ったと言える。

行基の活動は人々に益をもたらすように活動してきているが、行基集団の中には運送業や商業に従事する人達がいて、その人達から要望が出ていたのではないか、この時点で商業や運送業を生業とする人達も加わっていたのではないかと考えられる。摂津国での行基集団の活動は、物流の整備（橋や道）だけでなく船着場の河川整備、そこに接続する川の整備、物資の上げ下ろしやその品物を京へ配送するといったハード面での整備もやっていたのではないかと思われる。

運送業や商業に従事する人達の利益になる事だが、道路・橋梁・港津を管理する官人の利益にも合致していたと考える。国司から中央官庁の役人に対して報告を上げていたのではないのかと推測される。行基集団のこうした活動（直道、大橋、堀川、船着場の建設）は、経典の教示に基づく菩薩業であり人々の役に立つことを実践してきたのであり、ひいては国家の役に立つインフラでもあり、国家に敵対する行為ではない事を理解されるようになってきたと考えられる。人々が行基大徳と慕う人々を見て恐れを感じるよりも、国家の為に活用する手立てを考えて然るべきでなかったのか、そして班田収授法がぐらつき始め財源（租税の収入）の確保が難しい局面に遭遇したこの時点で行基集団を活用しない手はないのではないのか、国家の為に活用しようと考える役人も出てきたのではないかと思われる。

行基集団の中にも人々の要望は何処にあるのか、それらを実現するためのプロセスを考え、多面的に見る力（例えば人々の為になりまた国家の役に立つような方策を考え得る力）そして組織を維持管理する術を編み出す力を計画し、実行出来るスタッフも育ってきていると感じられる。

天平元年（７２９年）長屋王を自殺に追い込んだ藤原四子は、政権を手中に収める事が出来、そして光明子を皇后にすることが出来た。当時の議政官は、知太政官事舎人親王、大納言藤原武智麻呂、中納言阿倍広庭、参議藤原房前の四人であったが、藤原宇合と麻呂の兄弟と多治比県守、鈴鹿王、葛城王、大伴道足の六人が新参議に加わった。

房前は、行基の布施屋建立に倣い興福寺に施薬院、悲田院を設け不比等亡き後反藤原の矛先を逸らそうとした。新任の参議宇合は神亀三年（７２６年）10月に造難波宮事に任じられ、天平四年（７３２年）までこの職にあった。まさしく行基も天平二年西城郡で活発な活動を展開していた時期に当たる。津守村に善源院・同尼院と布施屋、随伴設備として白鷺嶋堀川を造営している。行基の活動は厖大なものであり、且つ摂津職官人の職務の代行をやったようなものであり、宇合もよく現場を確認しただろうし、これらの活動が政権にとって不都合をきたさないだけでなく、大いに役に立つ活動と認識し、族長である武智麻呂に上申したものと考えられる。

天平二年（730年）には、光明子の皇后宫職に施薬院を置いている。この事の範となったのが、行基の初期の活動に見られる布施屋活動で、役民や運脚夫を収容し、湯薬食を支給した施設である。こうした経緯もあり、行基の活動を容認することに繋がったと考えられる。こうして天平三年（731年）には、聖武天皇より『行基法師に従う優婆塞、優婆夷のうち、男は61歳以上、女は55歳以上に限って入道を許す』と言う詔をいただいた。

かつての「小僧行基」の蔑称は、「行基法師」と改められ、課役や労働力確保の為に年齢制限を設けたといえ、違法な私度僧集団と看做されていた行基集団の公認への道が開かれた。

行基は他に師位僧にもなっている。年代は不明であるが大養徳国城下郡鏡作郷を本貫地とする優婆塞丹比大蔵を出家候補者として推薦した人物は、「師主、薬師寺師位僧行基」となっているので裏付けが取れていると看做して良いだろう。行基は後進が正式な僧に成る為に推薦をも行っている。大養徳国とあるが馴染みの無い国名であるが、大和国の事である。ある時期にこういう国名で呼ばれていたときがある。ただ京の近くでの出家候補者の選出であり、行基の活動が京の付近にも浸透していると考えても良いのだろう。位にある僧は二百五十の戒律を受戒した出家者は比丘（大僧）と呼ばれるが、その中で学業と徳性の高い者が、師位を授けられるのである。

仏教界のリーダーとして為政者や仏教界の重鎮から評価された事を示している。

この頃の世相はどうだったのだろうか。天平四年（732年）から天平七年にかけて、疫病・旱害が続き「飢え疫するもの衆し」「夭死する者多し」という状況になっていた。天平五年から天然痘が流行し始め、新田部親王、舎人親王が病に倒れた。こうした状況が政権を寺院の除災・招福の為の法会に期待させ、仏法にすがる気持ちを増幅し、行基の師位に成る事を結果的にサポートする事になったと考えられる。

この当時の行基集団の活動はどうだったのか。鶴田池院が天平九年（737年）に和泉国大鳥郡凡山田村で起工された。「天平十三年記」に和泉国大鳥郡田部郷にありとされている。鶴田池は堺市南部の信太山丘陵に現存している。工事としては、鶴田池院に造られたため池造成の基地となり、続いて資材と労力を提供するように勧進が行われたと考えられる。工事に先立って、天平二年（730年）9月、和泉国大鳥郡日下部郡において、優婆塞練進と大鳥郡の長官日下部首麻呂を大壇越と知識（三宝に寄進する人々）709人、

「瑜伽師地論」書写に結縁し書写したのは、石津連大足と言われ、石津連は新撰姓氏録によると土師系の氏族で行基の生家家原寺の近くの石津郷の式内石津太神社を祀っている氏族である。

「瑜伽師地論」は難解な経典であると言われていた。優婆塞という五戒遵守（仏教で殺生、瑜盗、邪淫、妄語、飲酒を禁止）という五つの戒めを誓う在俗信者は、比丘を師匠として指導を受けぬ限り理解しえない経典である。行基の弟子のリーダー格の僧侶は、34人を数えたと言われているから、行基自らよりは弟子を師匠として指導を受けたと考える方が良いかと思われる。709人の知識らは、大鳥郡の諸郷に住む人達と考えられる。こうした集団があってこそ鶴田池と鶴田池院の建設は可能になったと考えられる。それとも天平二年の「瑜伽師地論」書写は、7年後の鶴田池・同池院の建設を視野に入れての事業であったのかと思いたくなる。

そうすると「瑜伽師地論」書写を契機として、池と寺院建設の為の資材や労力提供の呼びかけであり、工事着工への計画性が進められていたことになり、行基の社会的事業は相当綿密な計画をもって実行されていたと言えるのだろう。

天平七年（735年）に発生した天然痘が天平九年（737年）にまた流行しだした。これは海外との往来によって持ち込まれたと考えられる。春に九州で発生し、疫病は次第に東に広まり、夏から秋にかけて猛威をふるい、『続日本紀』には「公卿以下天下の百姓まで没する事をあげて、かぞうべからず」という状況に至ったと記している。議政官では、藤原四子・左大臣武智麻呂、参議房前、宇合、麻呂と中納言多治比県守が倒れた。人口の3割が死亡したという推測も出されている。奈良時代の総人口は、丸い数字で500万人であり、3割とすると150万人になる。伝染病は昔も今も人から人へと感染するのであり、人の密状態にあれば感染のリスクも高まろう。

当時の農村は、人家が混み合う状態とは言えないので、京に比較すると感染率は低かったのではないかと思う。天然痘により口分田の不足が緩和されたのではないかと考えるが、それを裏付ける例証は見かけない。議政官で生き残ったのは、鈴鹿王、葛城王（橘諸兄）、大伴道足である。行基集団にとって活動し易い環境に出会えたのか見ていきたい。

天平九年（737年）武智麻呂が死亡したとき、橘諸兄は大納言である。翌十年大納言から右大臣になり、橘諸兄政権が成立した。

行基の49院の中に隆池院久米田寺がある。

天平六年（734年）に起工された寺院である。寺の境内に「橘諸兄塚」がある。諸兄は当寺に帰依し、この地に遺骨を葬ってほしいと記している。この事は歴史的な事実とは言えないと思うが、諸兄は行基の活動の理解者であり良き後援者であったと見られる。藤原四子が天然痘で死亡してしまい、藤原から藤原への権力の継承がならず、橘諸兄が政権のトップについた。

藤原四子のうち宇合の長男広嗣は、大宰府に左遷され少弐の位にあった。諸兄は聖武天皇と同様、遣唐使で唐の律令国家の仕組み等を学んできた優秀な人材を実力本位で登用してきた。諸兄政権を弱体化させるために先ずはブレーンとして活躍している僧玄昉、吉備真備を取り除きたいと考え、その旨を上奏した。諸兄に無視され、その後誹謗行為に及んだので、聖武天皇は広嗣の召喚の詔勅を下したが、これに対して広嗣は一族の綱手と共に大宰府の手勢や隼人を加え、一万余りの兵で9月3日に反乱を起こした。この乱も大野東人により11月1日に広嗣は斬られ、鎮圧されて失敗に終わっている。

10月29日に聖武天皇は伊勢神宮に行幸されて乱の平定祈願されたことであろう。乱が平定された後も平城京には居られず12月26日に恭仁京遷都を言い出している。その後も紫香楽に行幸したりして、天平十七年に平城京に戻り再び京としている。何故にかくも長きに亘り平城京を不在にしていたのか。藤原京の時代までは、天皇が代位する毎に遷都を繰り返していた。手本とする唐の長安のような都を造りたいと考えており、都と言えるようにする為に都度遷都を繰り返さないよう引き継ぎが行われていたのであるが、切迫した事情があったのだろうか。

聖武天皇において考えられる事は広嗣の乱は九州で勃発したが、九州での争乱が全てでは無い事、乱の一部でしかないと考えていたのではないかと推測される。広嗣の乱は藤原四子の死亡により、政権が藤原氏から橘氏に代わり、権力の座に居座る事が出来なくなった事に起因する。藤原四家として政権を奪取する為に、九州に朝廷軍を引きずり出し、京での兵力の不在状況を作りだし、そこで乱を引き起こすことを狙ったのではないのか。玄昉、真備を取り除くだけでなく本命の諸兄を亡き者にするのが狙いだったと考えられる。

恭仁に遷都をしようとしたのは、そこには諸兄の領地があり、そこの兵力で防御する事を考えて行われたと考える。首謀者は、仲麻呂をおいて他に見当たらない。武力で抑える方法もあるが、国内の平穏が犯され、勝利するにしても戦で多くの死傷者が出ることは明らかである。仲麻呂の野望を抑えるには、徐々に冠位を上げてやり平和裏に昇進して政権の座に就く道を残すことを考えていたと思われる。

仲麻呂の昇進のプロセスは、天平十三年（741年）3月5日従四位下。天平十五年（743年）5月5日従四位上、参議になる。天平十七年（745年）1月7日正四位上になっている。広嗣の乱も早々に鎮圧されてしまい、諸兄が聖武天皇の意を受けて一体感をもって能吏として働いている。ここで武力行使に出ても、自分が逆賊となりかねない。広嗣の乱も収束してしまい成功の可能性は低いと踏んで中止せざるを得ないという事に相成ったと推測するのが相当と考える。

天武天皇の迷走の事もあり、行基にとって諸兄は良き理解者であり、またサポーターであるので、聖武天皇の新京造営の事は伝えられていたのではないかと考える。天平十二年（740年）山背国恭仁へ聖武天皇は行幸を行った。橘諸兄主導の下に新京造営が開始された。

翌年9月には大養徳・河内・摂津・山背四国の役夫5500人を徴集して造営に当たらせている。行基は恭仁京造営の役民の困難を軽減する為に平城京から近江に抜ける通路に沿って泉川（木津川）に泉大橋を架け、橋の維持管理を行う為に泉寺布施屋を先行して造って泉橋院、隆福尼院を建立した。新京造営の一貫として泉川架橋工事は、7月に開始され10月に完成した。架橋の工事に従事した優婆塞750人の得度が認められた。認められた人々の多くは、行基集団の人達であった。

行基年譜は、天平十三年（741年）3月17日聖武天皇が泉橋院に行幸したと記している。行基は摂津国の為奈野の地を与えられ給孤独園とすることを許されたと記している。

何れにしても文言通りに理解する事は出来ないが、聖武天皇の振る舞いを見ると「極めて人たらし的な処が見受けられる」と感じるので、年譜の文言が信憑性を帯びてくる。

この頃の世の中の様子は、天候不順による不作、天然痘のもたらした財政的・人的資源の欠乏が目立つ。聖武天皇が京より離れなければならない状況、こうした事柄を踏まえると、政権は政局打開の為に新京（恭仁京）造営を行うのに行基集団の土木技術や動員力を借りる必要が出て来たと考えられる。

天保年間の行基集団の宗教活動は、社会土木事業が中心となっている。この事を考えるに示唆を与えてくれているのは、行基年譜を引用する天平十三年記である。この記は①橋②直道③池④溝⑤樋⑥船息（船着場）⑦堀川⑧布施屋の八項目について書かれている。十三年記は、行基集団が長きに亘って造営した社会諸施設を書き上げた一種の目録であると看做しうる。このフォームから読み取れるのは、政権が行基等を恭仁大橋の架橋に使えるのかどうか見極めるために政権が行基等に命じて、現在に至るまでの社会土木事業の内容を書き出させていたということである（十三年記の信憑性が高いと認められているのはこうした経緯があったからだろうと思う）。

政権は違法な集団として敵対するよりも公的な工事の請負人として使用できないものか判断した結果として、「労力・技術力・管理能力」において使用可能となり、また政権の手詰まり状況を勘案しての採用となったのだろうと考える。こうした事により殆ど行基集団の優婆塞の得度が認められることになったのだが、本来は出家希望者に課される法華経又は最勝王経を暗唱すると言う関門があるのだが、それを免除し得度を認められたのは、架橋工事を４カ月足らずで完成させたことに対する褒賞とも考えられる。諸兄の聖武天皇に対する働きかけがあり、行基集団を政権の持ち駒として活用していく事を了解事項とすることに漕ぎつけた為と考える。但し聖武天皇は更に行基等に期待した事は無いのか。この時点では両者の間にはギブアンドテイクの関係が認められるが、権力はそこまで寛大であろうか、次の伏線が懸念される。

行基集団としては、国家の使役に駆り出される事により生じる役民の苦痛を取り除く事は出来ない。それは為政者の権限に属する事項である。行基集団に出来る事は苦役の労の軽減を図る事である。行基等の活動が政権の目的に適うことになり、多少でも役民の苦痛を取り除いてくれるなら良いのだが。政権は自らの目的達成の為の駒として使役している、その対価として付随的な処で目こぼしがあったとしても、そういうことは行基の奉ずる教えに適うとは言えないと考えていたと思う。

行基としては、私度僧を導いていく指導者の役割が有り、私度僧が得度を受けられるように導くのは重要である。そうした事が政治的な決着でなされるのは、一方で有り難い事であるが、僧の買職行為である事が否めない。

この件にも関連するが、聖武天皇から行基に対して摂津国の為奈野の地を与え「給孤独園」とすることを許された。給孤独園は、社会における弱者（親の無い子供や家族の無い老人等）が一人で生きていかなければならない身寄りの無い人達を救護する為の施設である。仏の道に仕えるものとしては、是非ともやり遂げたい善行である。施設の運営の手立てはどうなっているのか、インドでの運用を見ると、王や長者による寄進で運営されていた。聖武天皇が給孤独園とすることを認めた事は、天皇からの寄進によるものである事を意味している。

僧の活動は元々富を生むものではない。例えば托鉢一つを見ても布施によって支えられている。人を教え導く事によりその人が仏の意をくみ取り善行を行うように指導する事は出来る。人々が無私の心（仏の心）をもって行動してくれるならば良いのだが、自分の意向に沿うように人々をコントロールして自分の意の如く使いこなしたいとするのも人間である。

行基も政権により、養老元年に「小僧」と言われたり、天平三年に「師位僧」と言われたり、天平十年に「行基大徳」とも言われている。これらの事は行基に対して正しく評価されてきている過程でもあるが、政権側に行基を取り込みたいと考える人達の阿諛追従の言葉とも取れる。

# 第四章　大仏造立の取り組みと行基集団の歩みの回顧

聖武天皇は、天平十二年の広嗣の乱が起きてから、平城京を避ける行動が目に付く。この年の暮れに恭仁京遷都を図り、翌年には平城京近くの国から役夫５５００人を招集して都の造営を進めている。恭仁と紫香楽の間を数多往復しているが、結果から言うと天平十五年（７４３年）10月15日に盧遮那仏造立発願の詔を発布して工事を行う為である。

聖武天皇は何時から、どのような大仏造立を考えていたのか。天平十二年（７４０年）難波宮の行幸の折に、河内の知識寺で見た盧遮那仏が気に入り、自分も造りたいと思った事が契機と言われている。知識寺の「知識」という語句は、「仏に結縁する為に田畑、穀物、銭貨を差し出す行為やその寄進した物資、互いに寄進して信仰を同じくする人々の団体」を意味する。河内の知識寺という名前から考えてみると、普通の一般人（渡来系の子孫が多い）が自発的に財資や労力を出しあって建立した寺であると考えられる。この寺の盧遮那仏を聖武天皇が気に入り、魅了するだけの仏像を造り得る富と技術力の高さに拠るものであり、また造営するに至る人々の知識の結束力に心を打たれたとも考えられる。このことが後日大仏造立の詔に繋がると考えられる。前にも諸兄は、難波に縁が深い事を「隆池院に諸兄塚ある」ことで述べている。聖武天皇に知識寺の大仏を是非見ておいてもらいたいと考え、働きかけたのは諸兄でないかと考えられる。

藤原サイドは、皇后となった光明子が、父不比等の封戸三千戸を相続し、国分寺の丈六仏を造る財資として提供している。藤原氏の中から広嗣のような邪臣をだして、世間を騒がせた事を天下に詫びるために光明子が取り計らいを行ったのである。これを行うのは、藤原本流の仲麻呂では効果が伝わらない、影の首謀者では駄目であるが、皇后でもある光明子が詫びて初めて効果が期待できる。国分寺の仏を造ることにより皆に仏の加護があるようにと目論んでいると思える。

諸兄にとって、光明子は皇后であるが、藤原サイドの強力なサポーターでもある。聖武—諸兄ラインで取り立てた僧玄昉は唐に留学の折に、最先端の仏像を見ており、彼の力量を借りながら藤原氏の勢力の強い平城京でなく、別の場所で立派な大仏造立を意図していたと考えられる。天平十二年（740年）より聖武天皇の動向を見ていると、興味ある筋書きが見えてくる。天平十二年5月、聖武天皇は諸兄の相楽の別荘に行幸して、奈良麻呂に従五位を授けている（諸兄同様に登用して盛り立てていこうとする意志が見受けられる）。同年12月恭仁京遷都の表明をし、天平十四年2月に恭仁京より甲賀郡への道を通す（その先に何かを創るために使用する道である）。同年8月に紫香楽宮を創るために智努王を造離宮司（京の留守居役）とし紫香楽への行幸をしている。天平十五年10月15日盧遮那仏造立発願の詔を発布し、同年10月20日大仏を造るために寺地を開く。行基は弟子達を率いて勧進を行う。行基には聖武天皇自らか、諸兄から勧進について依頼されたと思う。聖武天皇の思いは伝わったと考える。同年12月26日恭仁京の造営を停止し、翌天平十六年2月諸兄をして難波京を皇都とすることを宣させた。完成までに日時を要するので繋ぎの京かと思われる。同年3月に平城京金光明寺の大般若経を紫香楽に移している。翌月4月に紫香楽宮の西北の山で火事があった（意図を持った確信犯による犯行と見られる）。同年11月甲賀寺に体骨柱を建てて、聖武天皇自ら綱を引く、大仏造立に対する天皇の並々ならぬ思いを表したものと考えられる。天平十七年正月1日に紫香楽の地を新京とする。同月21日行基を大僧正とする。この職は新たな職位で僧正の頭越しに決められている。同年4月宮城の東の山で火事があり、聖武天皇は避難を考えた（避難をしないと危険を感じるまでになり、明らかに反対勢力の策動と身をもって感じた事だろう）。同年5月2日官人に対して、何処を都とすべきかその地を問うている。同年5月4日薬師寺で四大寺（大官大寺、元興寺、薬師寺、興福寺）の僧にも、同趣旨の事を図る。同年5月11日平城京へ還都となる。同年8月23日大仏造立を金鐘寺（後の東大寺）で再開。同年9月19日聖武天皇危篤状態となる。同月危篤状態を脱し9月26日聖武天皇は平城京に帰還する。

聖武天皇は、恭仁京を都とし、その上甲賀郡の地に京と大仏を造立する事を試みるが、反対派の妨害策動により、建設を中止せざるを得ない状況となる。官人のみならず僧侶の意見を聞かざるを得ない状況になるも、大仏造立の思いは捨てきれずして、平城京の地に舞い戻った。この頃は天変地異もあり、作物も不作であり一般大衆だけでなく官人にも救済を施すような状況である。

聖武天皇と諸兄の友好関係を壊すような重大な過ちを息子の奈良麻呂が犯してしまった。聖武天皇が危篤に陥ったとき、男子の後継者がいなかった為に黄文王を世継ぎにすることを謀ってしまった。長屋王の変のときに聖武天皇は、藤原一族の陰謀を黙認していたと考えられる。長屋王の血を引く黄文王を取り除いておかなければ阿倍内親王の即位は有り得ない。奈良麻呂は、虎の尾を踏んでしまうという過ちを犯してしまった。こうした一連の出来事の顛末は、藤原サイドに権力をあけ渡してしまう事になった。

聖武天皇は、天平十五年に盧遮那仏造立発願の詔発布と前後して墾田永年私財法を発布している。この法令は大仏造立を進めるために出されていると言われている。平城京完成後間もないのに、恭仁京・紫香楽京着工にかかり、そのうえ大仏造立を行おうとしている。果たして国の財政が破綻しないのか見ておきたい。

国の財政の根幹は、人民に口分田を貸与して、その見返りとして租・庸・調・雑役の税を納めてもらい、その収入によって成り立つのである。国の財源としてキャリー出来るのは、米を置いてないからと考える。税の重さや不作により耕作民が逃散する事、人口の増加により口分田の不足、位田や職田で返却されるべきものがなされていない等の理由により生起した財源不足をカバーする為に、政権が実施した良田百万町歩開墾を行うが失敗する。翌年三世一身法をし、上限を定めず水資源を整備し開墾した田地には三世の間、税は免除する。既存の設備を利用して開墾したときは一世に限るとしている。利用期間が終了したら国に返還する事になっている。それから22年後に墾田永年私財法が出されているが、その内容は位階によって開墾できる規模を定めている。限度内の開墾を行い耕作する事を認めると言っている。開墾された田地は輸租田と言われているので、税を国に納めなければならない。この制度が正しく履行されれば国家の収入は増加する。これでは口分田不足の問題は解決しないし、墾田を開発させれば、当然そこを耕す労働力が必要になる。耕す労働力は、班田収授農民をおいて他にいない。班田収授法を解体に追いやる事になるのは必至である。

墾田永年私財法の前半で「期限が過ぎれば一般の公地と同様に収公してきたが、この為農民が意欲を失い、せっかく開墾した土地が再び荒廃してしまうという。今後は開墾者の意のままに私有地として認め、……永久に収公してはならない」と述べているが、班田収授法による国の運用としては不備である。

班田収授農民に課された税を完納する為に農民層を再生産するのに口分田から得られる収入（2束2把／反の税分を除く）で生活が可能とは、言えないのではないか、農民の食事のカロリーから言って、必要カロリーには遠く及ばない数字を見てきた。また以下の例も見てきた、逃散する農民が後を絶たないとか、運脚夫や役民が帰路に行き倒れする事を見てきた。逃散農民の多くは大土地所有者の耕作民となるケースが多いのである。所有の固定化が進むとなると上級貴族や大寺院に土地の集中化が進むことになる。併せて土地を耕作しない事には、収入が上がらないので耕作民の確保が不可欠となり、公地公民制の衰退に向かうことは明白であろう。

多少気になるのが、官人の仕事ぶりである。

返却されるべき位田・職田が返却の期限が過ぎてもそのままになっている事が述べられていた。守らないのは上級官人、それを取り締まるのは下級官人である。「格式」にこうあるとしても上級官人に正しい運用を求める事が出来たのか、下級官人は飴と鞭で懐柔されてしまうのが良いところでないかと思う。公務員は、国民の公僕であると指導されても、今でも中々出来ていないのが実情である。

大規模開墾を認められた位階の人達だけでなく位階26と27の人では、50町と10町の違いがあり、また郡司クラスでも長官・次官では30町、判官・主典では10町である。

大仏造立等国に寄進して位階を授かれば多少なりとも面白みがあり、聖武天皇はこうした階層の寄進を引き出すことも考えていたのではないか思われる。寄進した事により位階を上げたケースが有るので提示したい。天平十九年、河内国川俣人麻呂（大初位下→外従五位下）、同年越中礪波志留志（無位→外従五位下）。両国の国司は、大伴古慈斐と大伴家持であり諸兄と親交があり、諸兄の推進している大仏造立に協力して、寄進を斡旋したと考えられる。河内国は行基の信者が多い地域で有るので、行基の影響度がどうだったのか興味がわいてくる。

大仏造立については、聖武天皇が天平十五年10月15日に詔を発している。天皇としては、天平十二年に河内国の知識寺で拝した盧遮那仏を超える大仏を造りたいと考えると共に各階層の知識を結集して造りたいという事が、根底にあったようである。詔の内容も「天下の富と勢」を保つのは自分である。これでは、本当に心から拝みたいといえる仏にはならない、皆々の知識を結集して、自分が出来る事で大仏造立に取り組んでほしいと述べており、そして「菩薩の大願を発して造りたい」とも述べている。これらの事が意味するところは、天皇である自分が仏法の奴となり、大仏の慈悲にすがりたいという心情を吐露している。この文言は行基集団に対しての殺し文句を述べているようである。行基に対しては、行基の行動に見られるパターンである知識に結集させ、皆が一体となって任務を全うする事を、特に庶民層や地域の豪族たちに結集するような仕組みを作ってほしいという事が狙いかと考えられる。行基達は、修行や社会活動を通して菩薩の道に近づく事に精進してきている。同月19日に近江国紫香楽に寺地を開き、このとき行基は弟子たちを率いて人々を勧誘し大仏造立に協力を行った。

当然のことながら、大仏造立という大事業は知識の力だけではなし得ない。人々の納税物である租・調・庸も使われたし、東大寺の封戸物（国家から支給された財物）も使われている。大仏造立は国家の負担のみに依拠する方法もあるが、人々の気持ちを一つに纏める為にも、知識結の方法が組み合わさった一大プロジェクトであったのである。多くの社会の下層の人々を取り込んでいる行基集団の中には、税の重さに耐えかねる人々が多かったので、大仏造立には反対の声も少なからずあったと考えられる。

行基と政権との関わりにおいて、一方的に恩恵は受けてはいないが、褒賞として天平三年に行基に従う61歳以上の優婆塞と55歳以上の優婆夷達が法の如く修行する者への入道を許されている。天平十三年には、賀世山東河の架橋工事に従事した優婆塞７５０人の得度を許されている。その内訳は行基に従事していた人達が選ばれている。得度を許される事は、確かに政権の仕事を成し遂げ、時間の短縮も果たしている。これ以外にも摂津国為奈野の地を与えられ給孤独園とすることを得られている。

元々僧は、利益を生み出す存在ではなく、托鉢し施し物を生存の糧として生きている。今までも京では市井の人々から、農村では農民層や地域の土豪層からの支援により、行基集団を維持するだけでなく、修行を行いながら知識を結んだ方々の役に立ちつつ、救済事業を行ってきたのである。

行基達の仕事の対価として受け取ったと考えられるが、対価の価値は行基達の尺度では計り難いように見て取れる。こうした政権というのか天皇からというのか、行基集団としては、行基達が一生かかっても生み出せない程の見返りである。元は班田収授の農民が生み出した価値である。天皇達に裁量権があると言っても困窮している農民からの税である。受け取るのが良いのか、常に心に負担として乗っかっていたと考えられる。

国家には官立の寺院があるが、それらの寺院で行われている事は行基達とは目指す方向が違う。しかし国家の事業を引き受ける事を通して、国家と知識を結ぶことは全て否定されるものではなく、折り合いをつける事もあると教えられてきたように思える。

聖武天皇は、大仏造立の為に「大仏体骨の柱が立つと、天皇自ら綱を引いている」、皇族・貴族達の為だけの大仏でなく、庶民も拝むように希望されている。これに対して異論はないのだが、この時点で国の財政状況や庶民の困窮に対する配慮が出来ないものかと見ていたと思われる。それは国家の財源であり、その一部なりを頂く事に、現状困窮している人達がおり、先ずはそのことを優先してもらえれば、心の整理がつくのだという事が行基達の心情かと思える。

この頃は天候不順による飢饉や天然痘の流行による人口減少、そうした状態では下々の生活は成り立っていかない、平城京に始まる都の度重なる造営、これらを見ても場当たり的な対応である。このときが大仏造立のときかと、行基集団の人達は考えたと思う。

政権が決めた事に対抗する術も無く、行基集団の人達は知識の余力があると思える人に厚く協力をお願いするようにと考えていたと思われる。

紫香楽の甲賀寺の作業は開始されたが、紫香楽宮の西北の山で火事があり、そのうえ宮城の東の山でも火事があり、避難を要する危険な状況になった。これらとは別に天平十七年に美濃国で大きな地震があり、4カ月の間に17回の地震の揺れが発生した。聖武天皇も紫香楽での大仏造立を断念する事になった。

聖武天皇と諸兄で進めてきた大仏造立を平城京でやらざるを得なくなる。行基は聖武天皇から天平十七年正月21日に大僧正に任じられている。大仏造立もスタートしたところで、完成まではまだまだ時間を要する状況である。なんでこの時期になのかと、行基は考えたと想像される。それは山火事を仕掛けた反対勢力が力を伸ばしてきている事を感じ取り、今までの貢献に対する感謝の意を示しておきたい事と、行基の年齢を考えて決められたと考えられる。こうした事に天皇なりの配慮が見えてくるのが悩ましい事だと感じた事だろう。

天平十年（738年）以降、行基集団独自の活動の形跡が見られなかったが、その後天平十七年（745年）に摂津国で大福院、同尼院、枚松院、作蓋部院を建立している。『日本霊異記』には、行基が大僧正に任じられた後に難波で、橋・堀・船津を造った話があり、橋や船津は「年譜」の難波度院に附属した施設と看做される。行基は聖武天皇の難波行幸の頃難波に来て活動していた事が窺える。所謂交通インフラに関する仕事をしていたと考えられる。行基の難波での交通インフラの仕事と金鐘寺で大仏鋳造が開始された時期とが重なる事になり、それ以前から難波の地に居たという事になる。このことから行基自身は大仏造立から外れていたと推測される。行基はその前後も難波に留まり、工事の完成を目指していたのだと思われる。

天平十九年（747年）9月に大仏鋳造が開始される。行基集団も大仏造立の工事に従事していたと思うが、翌年天平二十年に行基は菅原寺に引き籠もっていた様子が窺える。鋳造開始時点で弟子に集団を任せて、前面から撤退していたのではないかと思われる。

紫香楽での造立に比べて平城京での大仏造立は、国家プロジェクトが前面に出て、知識結が後退していると言われている。また建屋の建立は大仏造立に比べてこの傾向が顕著であるとも言われている。聖武天皇は難波に行幸のときに危篤状態に陥り、回復し平城京に帰還するも造立の司令塔から退き、仲麻呂がその後に座ったのではないかと考えられる。立ち位置の変化が行基にこのままの工事の進め方で良いのか疑念を生じさせたのではないかと考える。

大仏造立の際、行基が勧進を行ったのは事実であると考えられるが、弟子達が行基の伝記を記した「大僧正舎利瓶記」には勧進を行った事を記していない。正史の『続日本紀』行基卒伝にも見えない。『続日本紀』に勧進行の記載が無いのは、大仏勧進は特筆すべき実績を挙げていないので、書かれていないとしても、聖武天皇が行基の労に報いるために大僧正に任じた事、先になるが大仏開眼会に行基の弟子景静が都講として出席させている、この事は、亡き行基に代わり感謝の意を込めて参加させているのではないかと考えられる。

一方「舎利瓶記」の作者真成らが心進まぬものと評価したためかと考えられる。行基集団の中でも大仏勧進に対する評価と行基が大僧正に抜擢され、そのため政権との距離が近くなりすぎた事に対して集団内で袂を分かつ動きが出てきたのではないかと気に留めておく事も必要かと考えられる。

行基も天平二十年（７４８年）には菅原寺に引き籠もるようになったと言われている。御年数えで81歳である。師の道昭は72歳で亡くなっている。義淵は76歳で死亡している。僧侶は比較的長命であり、聖武天皇は56歳で崩じている。行基は山岳修行で鍛錬しており、薬草にも精通しており、こうしたことが長命につながったと考えられる。しかし行基の活動は天平十八年頃より見えてこない。天平二十年には、菅原寺に引き籠もりとしているが、病床に臥していたのではないかと懸念される。一日の時間も十分あり自分の活動を点検する方に気持ちも向いていたのではないかと推測される。大仏勧進についても、甲賀寺での取り組みと金鐘寺での取り組みを比較検討してみると、プロセスの進め方においても納得できかねると言う行基の判断があったのではないかと考える。行基は自分が求めて来た信仰に対して取り組み方や進め方を点検する事により自分等の目標達成が如何ほどであるか、見つめ直したと考えられる。

行基は法相宗を学んでいる。法相の教義は、唯識思想を中心に置き、教義は生老病死の無常の世界で、迷える自分自身の心を深く究明し、結果として一切諸法は心より顕現（具体的な形をとって現れる事）されたのであり、心の他に何物も存在しない事を覚知する事により、生死の苦しみから解脱できるとする教えである。そこに至るには、無限に近い時間が掛かるが修行により成仏出来るし、何処までも人間の努力で自己変革していく事を強調している宗派である。

行基は道昭より法相の指導を受けると共に、道昭に従って諸国を巡り、井戸掘り、船着場の整備、橋を架ける等の社会事業を行っている。亡くなられた後は火葬にするように命じられて行った最初のケースであり、行基もそれに倣っている。行基は道昭より直接指導を受けているか記録は残されていないが、唐より道昭が持ち帰った「三階教」を学び行基の宗教活動に大きく影響を与える事になったと考えられる。行基の特徴ある行動の一つに、常習的な布施行がある。布施行は成道（人の世の守るべき道義）することを目指す修行者にとり最重要なアイテムであり、かつ代表的な利他行である。三宝の対象は、上は仏・法・僧から下は貧窮人である。とりわけ貧窮人に布施を与える事は重要な事と考えられていた。行基は、運脚夫・役民・貧窮者・病者等の社会的弱者を対象に9カ所の布施屋で食べ物を施した。

こうした布施行を行うにしても、食べ物等の支援物資を与えてもらう為には、行基等が京の町で行ったような超人間的能力を示す事や激しい宗教的情熱だけでは、継続的な支援を得る事は難しい。「為七世父母」という観念や人間の業罪の深さを説き、それからの解脱の道は布施であり行基集団への喜捨が、自己及び七世父母の救済を成し遂げられると、説いたと考えられる。この喜捨を求める行為は、在家の弟子には布施行を修めさせ、出家の弟子には托鉢行を修めさせて、かくして僧俗一体の集団は自立しうる経済力を持つと同時にこの僧俗集団に同調し参加する人的資源を確保する事が、行基集団がオルガナイザーとして機能したと考える（市街での集団拡大策）。

法相宗は、弥勒菩薩を本尊としている。菩薩は一切の衆生の救済を目指すものである。

行基は37歳まで山林修行を行っていた。それは、自己の為であり、利他行とは到底言えないのではないかと生駒の山麓で悩み、役民の窮乏を見て、三階教が説くように菩薩（修行者）にとって大切な「布施修行」がなされていないと自覚し、衆生（多くの一般民）の中に入り活動する事になったのだろう。この転換はその後の行基の一生に働きかけたと考える。

その後生家を改め家原寺とした事を始め、民衆の為の利益となるように努めてきている。

その明細は行基年譜の十三年記に明らかにされている。以下のとおりであり、寺院49院（内数として、尼院13）、架橋6所、池15所、溝6所、直道1所、堀川4所、船息2所、布施屋9所となっている。

これらの設備は、信者や地域の要望や人々の生活に役立つように行ってきたものである。

菩薩（修行者）として三宝から貧窮民に対して広い意味で布施を行う事であったはずである。架橋にしても、役民や運脚夫が川で足止めをくらい、そのために食料が枯渇して生命が危険にさらされないようにする為に行ってきたことである。その恩恵は他の人々や役人の移動にも役立ったことであろうし、架橋・直道・堀川・船息は交通インフラに役立つものである。行基の信者の中には流通業や商業に携わる人達も居てその要望があったからだと思う。池や溝は農業のインフラである。どれもこれも人々の生活をより良くするために、修行と布教活動を兼ねて実施したのであり、本来は国家の仕事であるが、人々の不便の軽減を図り、こうした困りごとを取り除く為にやった事である。こうした行為が直接・間接的に国家に対して利益をもたらしてくれたのだろう。

行基の農村での布教活動で生み出され知識結であるが、天平二年に大鳥郡で行われた「瑜伽師地論」書写で７０９人の知識を率いた地元豪族は、天平九年に鶴田池の起工を始めている。布教と社会事業が一体化されまた非常に計画性に富んだ取り組みをなしている。この当時は三世一身法の追い風もあったが、共同体規制が強い農村においては、地域の有力者を取り込んでおかないと農村では、活動を進める事は出来ない（農村における集団拡大策）。

市街での活動と合わせて行基集団への参加者並びに支援者の拡大を図りながらより大きな布施を与え続ける事が出来る。行基にとってこの活動を停止する事は、新たな信者が増えず、年月の経過とともに年齢があがり、活動体としての組織の縮小をもたらす事になると危惧されていたと思われる。天平十二年から恭仁京、紫香楽宮、盧遮那仏の造立に、行基集団として全面的に取り組んでおり、集団拡大の成果が進んでいない状態が見て取れていたと考えられる。

聖武天皇が知識結を生かして、大仏造立に取り組みたい事を詔で表明していた「一枝の草、一把の土を持ちて像を助け造らむと願うもの有らば恣に聴せ。……」という事で行基は弟子等を伴い勧進を行ったと思う。政権側は、行基に対して、畿内に住む民衆の支援が大きく、行基が布教活動で用いた知識への結集により大仏造立の為の喜捨も集まると踏んでいた可能性が大きい。前後して発令された墾田永年私財法により、特に地方豪族が喜捨する事の対価として官位をあげてもらうと開墾できる面積を広げる事が出来る。本来公地公民が原則であるが、その原則を放棄するように口分田を増やそうとすることを止め、輸租田から収入が上がるから当面財源確保が出来る、それで良いとしているように見て取れる。荘園化に道を開き、律令体制が更に揺さぶられる事になったと考える。

平城京で大仏造立が開始となると、立派な盧遮那仏を国家の安泰、国家の平和の象徴として心を合わせて、悪く言えば余計な事に目を向けさせないで、国家の統制の下で事業を進められるように仕向けていく事が狙いなのかと考えられる。一方仏教界では、身分の序列は出来上がっているのに、それを飛び越えて大僧正に任じられたとしても、軋轢を醸し出してまでお飾り的な名誉職とも受け取れることをいただいたのは、如何なものかと感じていたと思える。永遠の修行僧としての菩薩を目指し、日々の努力は微小といえども、日々少しでもステップアップしていき、人々との交わりや役に立つ活動を行い、その行為が役に立ったと認識される事が修行の途上にあるものとしての喜びであると行基は感じていたと思われる。

丁度この頃天候不順もあり、天平十八年以来不作が続き人々は困窮の度合いを深めている。

修行の身としては、大仏造立も大事な事であるが、民が飢えている状態で優先度はどちらにあるか明らかな事である。今まで民の役に立つように、民の苦労の軽減に寄与する為の選択肢はあったのか、対症療法的に問題点を潰すだけでは、モグラたたきのように堂々巡りに終始してしまう。問題の本家本元を対処しないと解決しない事になる。仏の心を、上は天皇から下は庶民までに届け、仏の法に合致した意識をもってそれぞれの任を全うするまでには至っていないと感じられた事と思う。

しかしながら行基達の活動により救われた人々は確かに存在した。これはこれで継続して行く事であると思った事だろう。

行基の人生で、心和んで過ごせたときは、生駒仙房で母の介護をしながら、山林修行に励んでいたときではなかったのかと思われる。その後寺院に建て替えて「恩光寺」としたと考えられる。師である道昭は、火葬を選んだ。行基も火葬にする事を託し、母の埋葬地の近くに（竹林寺）埋葬するように託した。

行基集団にとり修行の場である寺院の管理は、光信に託した。天平二十一年2月2日、享年82歳の生涯を菅原寺で閉じた。

# 最終章　その後の行基集団と弟子達

天平二十一年（749年）行基が死亡した後の、天平勝宝四年（752年）4月9日に聖武太上天皇、光明皇太后、孝謙天皇は東大寺に幸啓し、大仏開眼会を開いた。導師は菩提遷那が務めた。菩提は行基が聖武天皇より開眼の導師役を依頼されるも、自分に代わり推挙した人物である。行基の弟子の景静が都講を務めた。この事は、聖武天皇が行基集団に対して行基亡き今、労いとして景静を任命したと考えられる。

行基が亡くなった事を記している『続日本紀』の甍伝は以下のような内容である。

- はやくから都や田舎を回って多くの人を教化した。
- 行基は集まった人々を才能に応じて指導し善に向かわせた。
- 弟子たちを率いて、要害の地に橋を造り堤防を築いた。
- 人々は仕事に協力し日ならずして完成し、人々は今に至るまでその利益を享受している。

■行基の滞在した処にはみな道場（粗末な寺院）が建った、畿内には、49カ所とある。

一方『続日本紀』宝亀四年（773年）11月20日の条を見ると、行基は「戒行具足」（出家した修行僧が遵守すべき戒のこと）・「知徳兼備」をもって聖武天皇に崇敬されたと記している。そこには戒律を守り、学識豊かである持戒清浄（清く正しい心を持ち身辺の清潔を守ること）の徒とする僧侶像が窺える。天平勝宝元年の場合と宝亀四年とでは、聖武天皇が崇敬する由来に相違がある。

聖武天皇は天平勝宝八年（756年）に崩じている。少なくとも天平勝宝元年の薨伝は見ていると考えられるし、内容に齟齬があれば修正を命じていると考える。この薨伝には、行基が活動した事が事実として書かれている。

『続日本紀』宝亀四年には、行基達の宗教活動や社会事業活動が消されている。こういった事実が邪魔と感じた者により、意図的に『続日本紀』宝亀四年の文言が用意されたと考えられる。

行基亡き後の行基の弟子達はどうしていたのだろうか。行基没後に成立した「大僧正記」によると、アイテム別に「十弟子」、「翼従弟子」、「故侍者」、「親族弟子」等に分けられている。十弟子は師位の僧位をもち、景静は筆頭格であり、開眼会の都講を務めた。玄基は大安寺仁王会で講師を務めており、三階寺に所属している。法義と首勇と翼従弟子の光信は光仁天皇の身体護持を担う十禅師に任命されている。光信は行基に49寺院を任された僧である。

これらの僧は行基集団の幹部であり、学徳に優れた高僧であったとされている。真成は、大鳥郡を中心として拠点を持った大村氏の出であり、親族弟子となっている。真成は行基の墓誌を記した人物とされており、大仏造立の勧進を行った事を墓誌に記していない。それは大仏造立が民衆にとって難儀なことであり、行基も心進まなかった事だから記されなかったのかは解らない。

行基集団も独自の活動は、恭仁京・紫香楽京や甲賀寺の大仏造立を除くと、天平十年以降減少しており、新規の参加者が減少し、従前からの参加者も年を重ねてきており、リタイアする人達も増えて、組織の先細りになってきた事が見受けられる。

朝廷は、「道鏡事件」の弊害を除く為に仏教界の刷新を図っている。その手立てとして宝亀三年に十禅師や諸国の寺に居住する高徳の僧に対して租税を財源として保護される事になり、托鉢行は禁止された。道鏡の処理に多大なる労力を費やしたので、再発を防止する為に寺も僧も国家の管理下に置くこととしたのだろうと考える。

当時の行基集団の面々、特に幹部と言える僧達は十禅師に任命されており、寺に所属する僧となり、朝廷の方針に反対する力も気力も喪失していたと考えられる。
永遠の修行者として宗教活動・社会活動する行基の姿を見ていた民衆は、親しみを込めて「行基菩薩」と称したと思える。

了

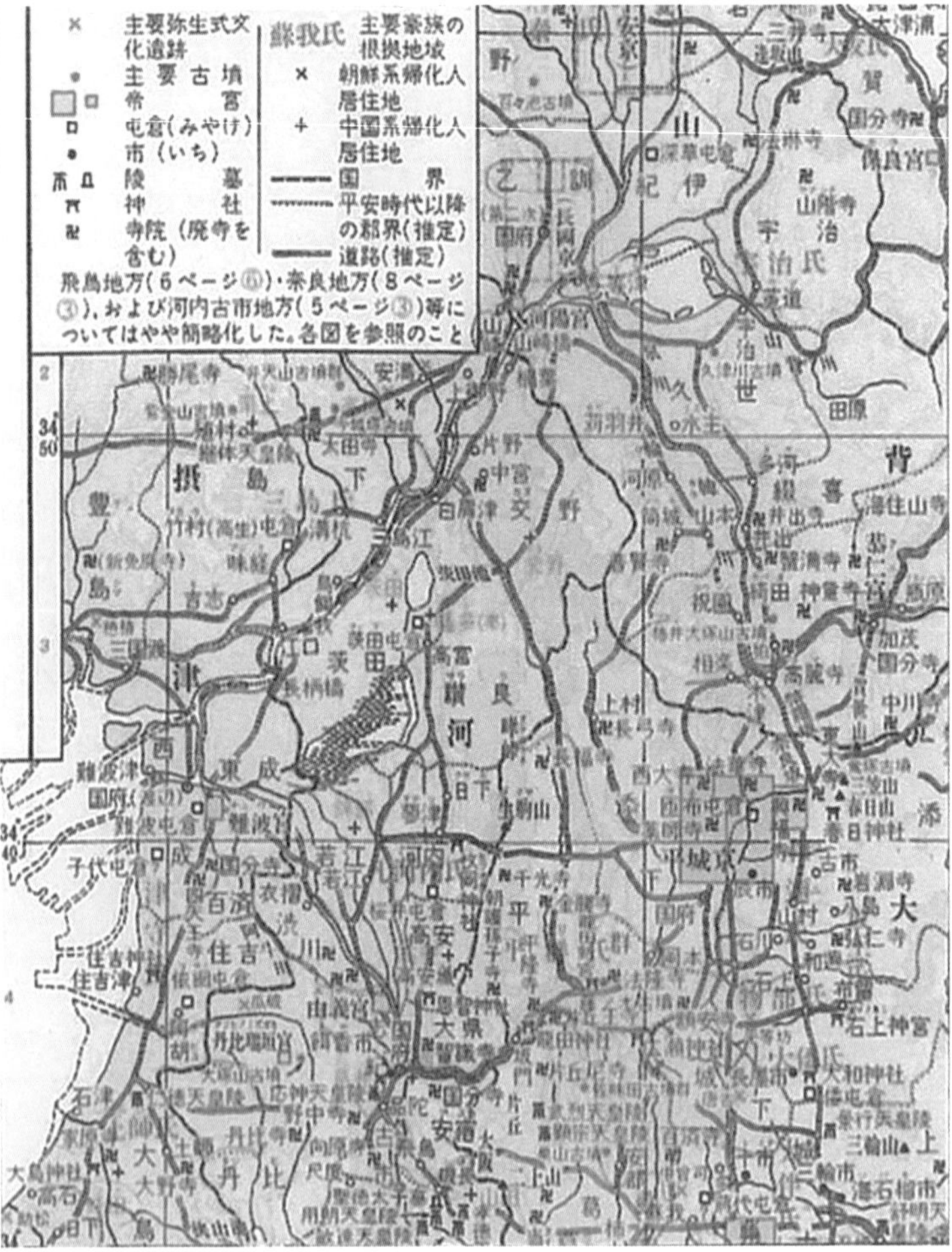


『日本史年表・地図』児玉幸多編　吉川弘文館　2018年　第24版第１刷発行　地図p. 7より

長谷川　仁（はせがわ　ひとし）

1948年山形県鶴岡市に生まれる。福島大学経済学部卒業。神奈川県内の民間会社に勤務。2008年、現住所福島に戻る。

行基の見つめた国

2024年3月9日　初版第1刷発行

著　　者　長谷川　仁
発 行 者　中 田 典 昭
発 行 所　東京図書出版
発行発売　株式会社 リフレ出版
〒112-0001　東京都文京区白山 5-4-1-2F
電話（03）6772-7906　FAX 0120-41-8080
印　　刷　株式会社 ブレイン


ISBN978-4-86641-729-5 C0095
Printed in Japan 2024